Management de projet

Groupe Eyrolles
61, bd Saint-Germain
75240 Paris Cedex 05

www.editions-eyrolles.com

© Groupe Eyrolles, 2003, 2006, 2012
ISBN : 978-2-212-55425-0

Jean-Claude Corbel

Management de projet

Fondamentaux – Méthodes – Outils

Cahier couleur – Manager un projet en 15 étapes

Troisième édition

EYROLLES

L'auteur

Jean-Claude Corbel est ingénieur de l'ENSI de Caen, licencié ès sciences, diplômé de l'IAE de Paris. Après une expérience de plus de trente ans en ingénierie automobile, il a été chargé de la réduction des délais de développement des projets, des compétences et du *knowledge management*. Toutes ces approches s'appuient sur la recherche de réussites collectives. Chez RENAULT au sein de la direction générale Ingénierie et Qualité, il exerçait jusqu'en 2006 une fonction d'animation des expertises stratégiques ainsi qu'une activité de coaching en convergence de projets. Il a démontré la place importante des aspects humains dans ces activités.

Il a assuré de nombreuses formations sur la démarche de projets dans l'enseignement supérieur dont l'École centrale Paris. Depuis 2006, il a créé une SARL de conseil dans ses domaines de compétences.

Remerciements

à Michel FAIVRE-DUBOZ, Philippe MILLON, Antoine de VAUGELAS de m'avoir encouragé,

à Jean-François RENARD, Gérard THOMAS, Frédéric BIDAULT et Claude CARUEL pour leurs participations,

à Michel PAPOT et Ghislain MERRY pour l'apport de tout leur talent aux illustrations,

à Anne Da ROLD, Bruno COMPIN, Jean-Louis GIORDANO, pour leurs conseils,

à Jacques CIVILISE et Xavier BOUQUET pour leur implication dans la démarche de convergence chez RENAULT,

à Philippe ROUAULT et Fabrice DEL CORSO, pour leur usage en recherches chez AIR LIQUIDE,

à mes filles Anne et Catherine qui ont su par leurs premières expériences industrielles m'exprimer leurs attentes pour le contenu de l'ouvrage,

aux élèves ingénieurs pour m'avoir encouragé par leurs retours d'appréciations positifs de mes cours polycopiés.

Sommaire

Chapitre 2
Les fondamentaux du management de projet 19

Chapitre 3
Les outils et les méthodes pour définir le problème 55

Chapitre 4
Les outils qualité 67

© Groupe Eyrolles

© Groupe Eyrolles

Introduction

Dans toute démarche projet, il est constaté que les fondamentaux sont oubliés ou mal intégrés par les acteurs projet. On se noie souvent dans des détails car les organisations ne sont pas claires, les personnes ne savent pas très bien ce que l'on attend d'elles, le chef de projet ressemble parfois plus à un homme-orchestre qu'à un chef d'orchestre. Suite aux crises multiples qui ne manquent pas d'intervenir, les acteurs sont souvent démotivés par un mauvais management ; le but d'un bon management devrait être d'exiger et de convaincre que c'est possible, tout en aidant à atteindre l'objectif.

C'est ce qui nous a conduit à réaliser cet ouvrage qui se veut synthétique, ludique et simple dans l'usage car il va du plus simple au plus compliqué par l'accès à d'autres ouvrages si nécessaire. Ce livre est ainsi destiné aux élèves ingénieurs et jeunes acteurs projet avec les buts suivants :

- *Expliquer très simplement les fondamentaux du management de projet*, y compris pour les projets complexes et innovants. La complexité dans les projets est sans cesse croissante car les objectifs sont de plus en plus ambitieux en termes de qualité, coût et délai, avec un nombre d'intervenants de plus en plus grand. Il s'agit d'une mise en ordre de marche d'équipes transversales de l'entreprise en collaboration avec des fournisseurs multiples.

- *Expliciter les différentes étapes du déroulement d'un projet* par un texte très court et par l'image.

- *Donner les principaux outils et méthodes*, sans prétention à être exhaustif, mais donner une vue d'ensemble, attrayante, facile à comprendre en moins de cinq minutes, avec quelques exemples et des références bibliographiques pour en savoir plus.

- *Identifier rapidement les outils et/ou méthodes judicieuses* pour traiter le problème à résoudre grâce à une grille de recherche.
- *Informer des liens pas toujours évidents entre les outils et méthodes.*
- *Donner les bases d'une nouvelle méthode de travail collaboratrice, à savoir la démarche de convergence*, utilisée depuis 1996 au sein de l'ingénierie Renault.

Les écoles forment les étudiants à trouver seuls la solution unique à un problème bien posé, alors que le management de projet consiste à rechercher en équipe pluridisciplinaire les meilleures solutions à des problèmes mal posés.

Les méthodes et outils sont à votre service et non l'inverse : un comportement proactif, intelligent, astucieux par rapport aux problèmes est recommandé par opposition à une utilisation administrative et tatillonne d'outils et de méthodes ; si l'utilisation d'outils est indispensable, elle ne doit jamais être mise en avant. Seul le problème à résoudre doit apparaître nettement, puis l'utilisation adaptée et ciblée d'un ou de plusieurs outils pour des buts précis.

Cet ouvrage proposera, outre des solutions pragmatiques par l'usage d'outils traditionnels, l'exploration de nouveaux processus comme la démarche de convergence, l'organigramme fonctionnel et une autre approche de la planification des projets.

Grille de choix d'outils et de méthodes en fonction du problème à résoudre

Pour les aspects humains

Pour intégrer les préoccupations des acteurs projet

Pour identifier et jalonner les conditions de réussite

Pour communiquer

Pour planifier et définir qui contribue à quoi

Pour innover

Pour piloter le projet

Pour décider, faire un choix

Pour maîtriser les coûts

Pour maîtriser la qualité

Pour maîtriser les délais

Pour formaliser et exploiter l'expérience

Pour gérer les risques

1

Qu'est-ce qu'un projet ?

Un projet est mis en œuvre pour créer ou changer quelque chose, c'est une réso-lution de problèmes complexe qui nécessite : un travail collectif, des formations préalables, un enjeu, des instances, un pilotage pour respecter les objectifs QCD, des méthodes adéquates, un style de management adapté pour chaque niveau.

UN TRAVAIL COLLECTIF

Le premier objectif est de créer le collectif qui sera à même de maîtriser la complexité. Pour cela, il faut regrouper les acteurs qui, en fonction du pro-blème posé, seront retenus pour leurs compétences et appartenance aux métiers internes ou externes à l'entreprise.

La solidarité, la communauté de pensée, d'ambition et de travail permettront une coopération particulièrement efficace pour résoudre les problèmes et les enjeux.

DES FORMATIONS PRÉALABLES

Un processus d'apprentissage d'une nouvelle culture du client et de la coopé-ration pour tous les acteurs s'impose dès le début d'un projet. Les formations efficaces et pertinentes, bien ciblées par rapport aux besoins, restent souvent à inventer. Le projet est par excellence une organisation fonctionnelle faite de coopération inter-métiers, de changements, donc d'une approche différente bien que complémentaire de l'organisation hiérarchique des métiers. La création des équipes projet nécessite un mode de sélection et des formations spécifiques. Dans le choix des acteurs projet et de leurs formations, les retours d'expériences des projets précédents sont déterminants.

UN ENJEU

Si l'enjeu du travail en mode projet n'est plus à démontrer dans les entreprises, il reste encore à faire prendre conscience que l'on peut mieux faire. Il est important de rappeler que les enjeux sont centrés sur les hommes : clients, actionnaires et salariés.

La démarche projet est une solution efficace pour décloisonner les métiers, services, départements, directions concernés d'une entreprise. Elle va même au-delà, en gérant à chaque instant un collectif d'intérêt avec les fournisseurs. Ces collectifs non hiérarchiques se fixent des objectifs ambitieux en référence à leur perception de la concurrence, pour offrir à la fin du projet des services et produits avec plus de valeur ajoutée pour les clients. La plus grande attractivité du produit permet de vendre plus et mieux aux clients et en conséquence d'améliorer la rentabilité économique du projet au profit des employés et des actionnaires.

Dans les produits, les services et les procédés de fabrication, l'innovation ou, plus modestement, le changement est au cœur de la démarche projet. Le projet va donc évoluer dans un environnement incertain qui nécessite des approches systémiques en complément des approches analytiques. Aujourd'hui, ces méthodes ne sont pas assez bien intégrées dans les enseignements supérieurs, bien que de nombreuses écoles d'ingénieurs cherchent actuellement à intégrer dans leur cursus de telles formations.

L'évolution du monde impose à chaque entreprise, école, individu des changements où les « guerres de tranchées » entre les services ne sont plus acceptables et sont à remplacer par une guerre de mouvement avec un nouvel « ordre de bataille ».

DES INSTANCES

La direction générale définit les stratégies, contrôle la fixation des objectifs et leur réalisation en présence des hiérarchiques des différents métiers et du directeur de projet.

Le comité de pilotage est l'instance de mise en œuvre, de décision : il est composé, suivant les entreprises, du chef de projet ou du directeur de projet et de son équipe, regroupant les différents métiers.

L'équipe projet regroupe les acteurs représentatifs des différents métiers ou points de vue du problème (y compris celui des clients) : marketing, économique, études produit et process, prestations, industriel, logistique, qualité… Cette équipe fonctionne dans un double mode hiérarchique dépendant donc des métiers d'origine – auxquels ils auront à rendre compte – et du directeur de projet – pour le collectif et les objectifs du projet.

Les pilotes par fonction élémentaire travaillent dans les métiers pour le compte du projet et réalisent des synthèses à des dates clés fixées à l'avance devant le comité de pilotage.

Les pilotes prestations, véritables représentants du client final, participent aux synthèses régulières devant le comité de pilotage.

UN PILOTAGE POUR RESPECTER LES OBJECTIFS QCD

Piloter un projet, c'est s'assurer que les résultats recherchés sont obtenus et que l'on est sur la trajectoire vers le résultat final ou livrable en vérifiant constamment que ce livrable reste pertinent sur les trois critères fondamentaux des projets : qualité, coût et délai.

Qualité

Les objectifs de qualité sont sans cesse sous surveillance, avec une multiplicité de critères et d'indicateurs pertinents pour décider et, éventuellement, réorienter les actions dans le bon sens.

Coût

La notion d'enveloppe budgétaire accordée est trop simpliste. Évidemment, au moment du contrat de projet, la direction donne des orientations budgétaires. Le projet consiste à rechercher sans cesse les meilleures prestations aux coûts les plus réduits. De nombreuses décisions sont à prendre à partir d'une connaissance des coûts en pratiquant l'art de l'approximation juste qui s'avère précisément faux mais globalement exact. Toutefois, le point le plus important sera pour l'équipe projet de donner à la direction l'assurance qu'avec ce projet l'entreprise sera plus profitable du fait d'un produit plus attractif et plus rentable.

Délais

Il faudra avant tout respecter une logique de développement, laquelle doit sans cesse être en évolution, en référence aux meilleures pratiques de la concurrence et en fonction des nouveaux outils de conception ; elle est parfois appelée « scénario de développement du projet ».

La maîtrise des délais ne vient pas de la planification traditionnelle des tâches habituelles mais au contraire de la capacité à travailler en fonction de la planification des résultats attendus (démarche de convergence, *cf.* chapitre 9). Donc, on ne posera surtout pas en préalable un organigramme de tâches, qui ne saurait arriver qu'en second lieu et n'intéresse que les responsables de chaque métier en charge de ces tâches. La bonne planification se fait par des rétroplannings d'activités, indispensables pour produire les résultats attendus à l'heure promise, au niveau de qualité requis et au moindre coût.

La description des résultats recherchés nécessite au préalable d'identifier le problème et non l'inverse. Ce point est essentiel pour respecter les principes de l'ingénierie simultanée ou concourante. La maîtrise des délais nécessite un changement culturel profond. Comme le dit Ch. Midler, « le délai n'est plus ici naturel, il devient social "le contrat-délai" la durée du projet n'est plus la somme mécanique des durées des "chemins critiques", elle est le point fixe à partir duquel se définissent, se composent et s'accélèrent éventuellement les activités pour satisfaire les engagements pris[1] ». Ces engagements ne peuvent être portés que sur les résultats et non pas sur les tâches.

DES MÉTHODES ADAPTÉES

Identifier le problème avant de passer à l'action

Il faut éviter de se précipiter sur une solution. La solution cache le problème, au point que les acteurs projet vont se focaliser uniquement sur les problèmes générés par la solution préconisée ; seul l'œil de la direction de projet ou de la direction générale permettra de stopper ce cercle vicieux. Il faudra alors faire un travail à reculons pour remonter aux problèmes. Nous avons souvent constaté qu'en exigeant d'exposer le problème, on agace certains acteurs du projet mais qu'après l'affirmation par l'un d'entre eux du problème, il s'établit un débat, preuve d'absence de consensus sur le problème. Les solutions prématurées divisent les acteurs, car elles sont issues d'une vision non partagée du problème. Souvent, on se précipite sur ce qu'on sait faire et sur ce qu'on connaît le mieux, alors que l'équilibre de l'ensemble n'est pas assuré. L'enlisement dans l'analyse est un danger à éviter surtout si cela revient à lister les problèmes séparément en recherchant pour chaque problème la solution sans cohérence

---

1. Ch. MIDLER, *L'auto qui n'existait pas,* Paris, InterEditions, 1995, p. 80.

d'ensemble. L'analyse partagée des problèmes permet d'aboutir à la vision système souhaitée (voir méthode d'identification et de résolution des problèmes, page 55).

Présenter des alternatives pour décider

À partir d'une vision partagée des problèmes, il faut construire des alternatives qui permettent de véritables choix, autrement dit pour jouer, il faut « du jeu ».

Les objectifs doivent permettre de construire les solutions concrètes, et de les évaluer. Ils s'expriment donc sous la forme de critères d'évaluation, de cahiers des charges (*cf.* page 88, l'identification des prestations attendues par les clients, dont le diagramme en V du produit et du process). Il ne faut pas oublier qu'une bonne décision ne peut être prise sur la seule base que l'on sait faire un exemplaire performant du produit. Il faut concevoir le produit et tenant compte d'un process industriel économique. Tout process engendre des dispersions de fabrication inévitables. Le produit doit satisfaire tous les clients dans un domaine de dispersions contractualisé, dès le départ du projet, entre le concepteur et le fabricant.

Anticiper en permanence les risques

Il faudra également imaginer tout ce qui pourrait se passer :

- anticiper les réactions de la concurrence, des institutions réglementaires et environnementales, des positionnements d'acteurs, etc. ;
- anticiper les points où le projet est vulnérable, soumis à des aléas ;
- anticiper les conséquences qu'induit le projet sur les autres projets de l'entreprise ;
- anticiper les difficultés industrielles.

Utiliser de nouvelles démarches collaboratrices, comme la démarche de convergence

La démarche de convergence consiste à définir les conditions de réussite sous la forme de résultats attendus accrochés à un délai et à un acteur. Ces démarches utiles aux pilotes des projets servent à construire, comme disent les Anglo-Saxons, des « *road-maps* » partagées par tous les acteurs. Elles répondent aux questions les plus basiques, à savoir : Comment s'y prendre ? Et si alors cela ne se passe pas comme prévu ? Et les autres projets qu'ont-ils fait ? De plus, elles rendent visible l'avancement des projets. Les problèmes partagés et les risques sont transformés en livrables attendus à chaque jalon.

On met ainsi en place une ingénierie simultanée – par opposition à l'ingénierie séquentielle – par la construction collective des conditions de réussite, sous la forme d'une logique de résultats attendus, c'est-à-dire d'une chaîne de valeurs client. Celle-ci permet de réduire les délais de mise sur le marché d'un produit, le « time-to-market » des Anglo-Saxons. Au lieu d'enchaîner les tâches bout à bout, chacune conditionnant le démarrage de la suivante, l'ingénierie simultanée parallélise des tâches souvent nouvelles et liées à des résultats partiels suffisants pour démarrer la tâche suivante.

La démarche de convergence concerne tous les aspects d'un projet industriel, à savoir comment faire les meilleurs choix initiaux pour garantir une bonne performance industrielle et commerciale, puis la validation de ces choix, l'industrialisation et l'organisation de la production (hommes et machines).

En se rappelant en permanence le livrable au client, on a plus de chances de mieux travailler pour le client final.

Passer à l'acte

Chaque acteur projet s'organise et se mobilise pour tenir la qualité et les délais des résultats attendus, c'est la meilleure façon de bien gérer le temps. Il faudra toujours simplifier, se limiter aux tâches indispensables.

Le management de projet se caractérise par le passage à l'acte, par opposition à une étude où l'on recherche la certitude, quitte à doubler ou tripler les tâches pour vérifier. Un projet vit dans l'incertain et il faut décider en prenant des risques.

Contrôler la cohérence du projet

L'utilisation d'indicateurs pertinents, simples et permettant de décider les réorientations qui s'imposent, est essentiel au bon fonctionnement du projet (page 41 et pages 168-169).

UN STYLE DE MANAGEMENT ADAPTÉ POUR CHAQUE NIVEAU

Le travail en projet exige des comportements adaptés pour répondre à des problématiques multidimensionnelles et remettre en cause leurs logiques, souvent divergentes au départ.

La prise en compte de la complexité ne doit pas engendrer des compromis médiocres. Le management de projet exige de créer de la délégation et de la confiance, avec des espaces de liberté, de créativité et néanmoins d'engagement des acteurs à respecter le contrat du projet. Les acteurs auront à accepter et à supporter la tension et les contraintes liées aux objectifs en termes de qualité, coût et délai. (La figure 1 ci-après illustre bien la complexité des différents groupes d'acteurs pour un projet automobile.)

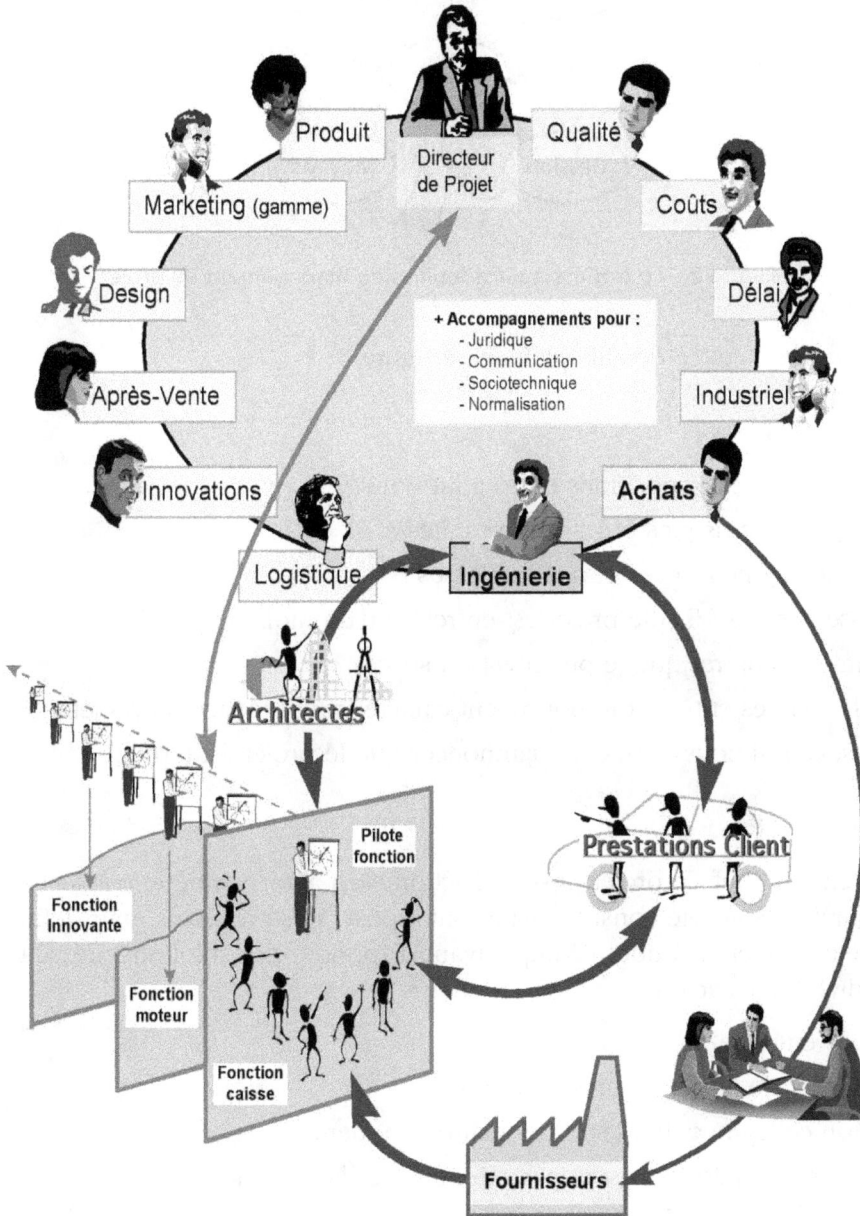

Figure 1 – Exemple de schéma d'organisation projet automobile

Une finalité, des décideurs, des moyens, une gestion

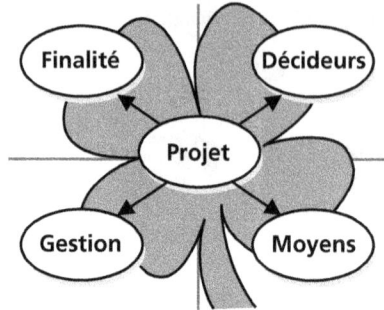

Figure 2 – Le trèfle à quatre feuilles du management de projet

Cette figure peut se détailler suivant la figure 3.

Des questions à se poser

Quelles sont les oppositions et les adhésions ?

Quels sont les risques et les opportunités ?

Quelles sont nos forces et nos faiblesses ?

Que se passera-t-il si le projet est en retard d'un mois ou plus ?

Comment montrer que le projet est un succès ?

Quels sont les critères qui pourraient caractériser un échec du projet ?

Qu'est ce qui nous permettra d'annoncer que le projet est terminé ?

Un savoir être

Souvent un chef de projet passe à l'action sans avoir vérifié le consensus sur un livrable. Son rôle consiste avant tout à poser des questions pour définir un cadre au projet et souder l'équipe avant d'apporter des solutions prématurées qui divisent les acteurs.

Si vous entendez :

- Le chef de projet ne m'écoute pas !
- Mon collègue défend son périmètre d'influence !
- Nos propositions ne sont pas retenues par la Direction !

Tout cela prouve que le chef de projet a des progrès de savoir être à faire.

Le courage de décider

Décider comporte des risques, mais décider facilite la suite du projet car cela devient plus simple pour les autres acteurs du projet.

Savoir hiérarchiser et gérer les compromis

S'occuper de tout entraîne à ne s'occuper de rien, faire des choix en permanence. Savoir engager une étude même simple de sensibilité.

Savoir féliciter, aider en cas de difficultés

Si le chef de projet s'occupe bien de son équipe, alors son équipe s'occupera bien du projet.

Exemplarité par l'engagement

Priorité aux résultats à tous les niveaux (voir page 172).

Le sens de l'urgence

Le délai est l'inducteur de coût le plus important et plus la durée d'un projet dérive plus il y aura des aléas liés aux évolutions de l'environnement du projet.

Savoir agir indirectement

Préférer gérer les inducteurs de coûts ou de qualité :

Cela permet de décider et d'agir globalement juste avec des données précisément fausses ou indirectes qui relèvent souvent de la responsabilité d'autres acteurs.

Être prêt à affronter des aléas et les évolutions d'environnement

Se lamenter sur les aléas c'est perdre du temps pour les résoudre.

Savoir se méfier d'un enthousiasme excessif et des évidences

Ceci est particulièrement vrai sur le management des innovations. Une méthode précise appliquée avec beaucoup de vigilance s'impose.

S'imposer des victoires rapides pour crédibiliser et entraîner la confiance.

Communiquer abondamment

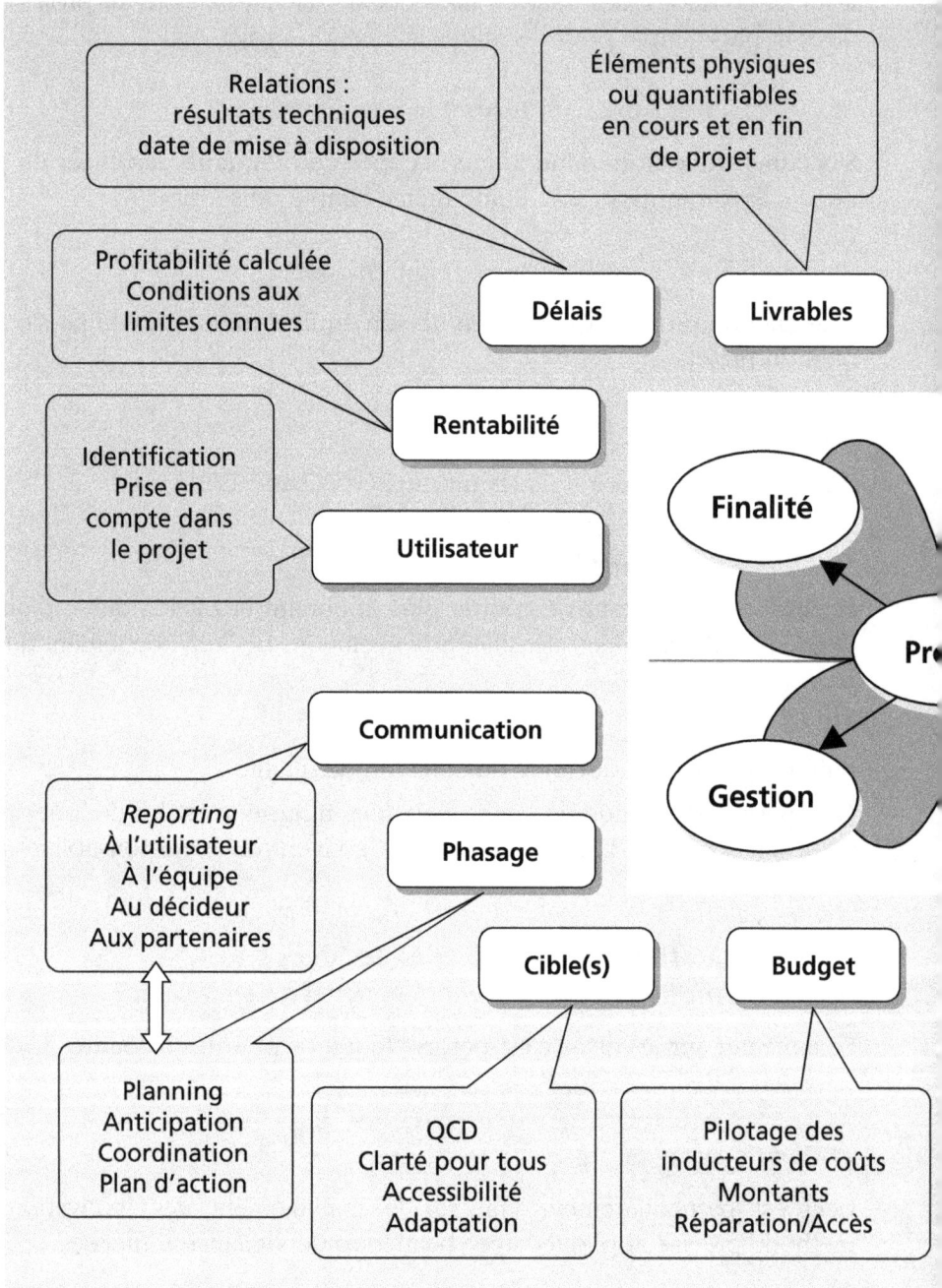

Figure 3 – Détails du trèf

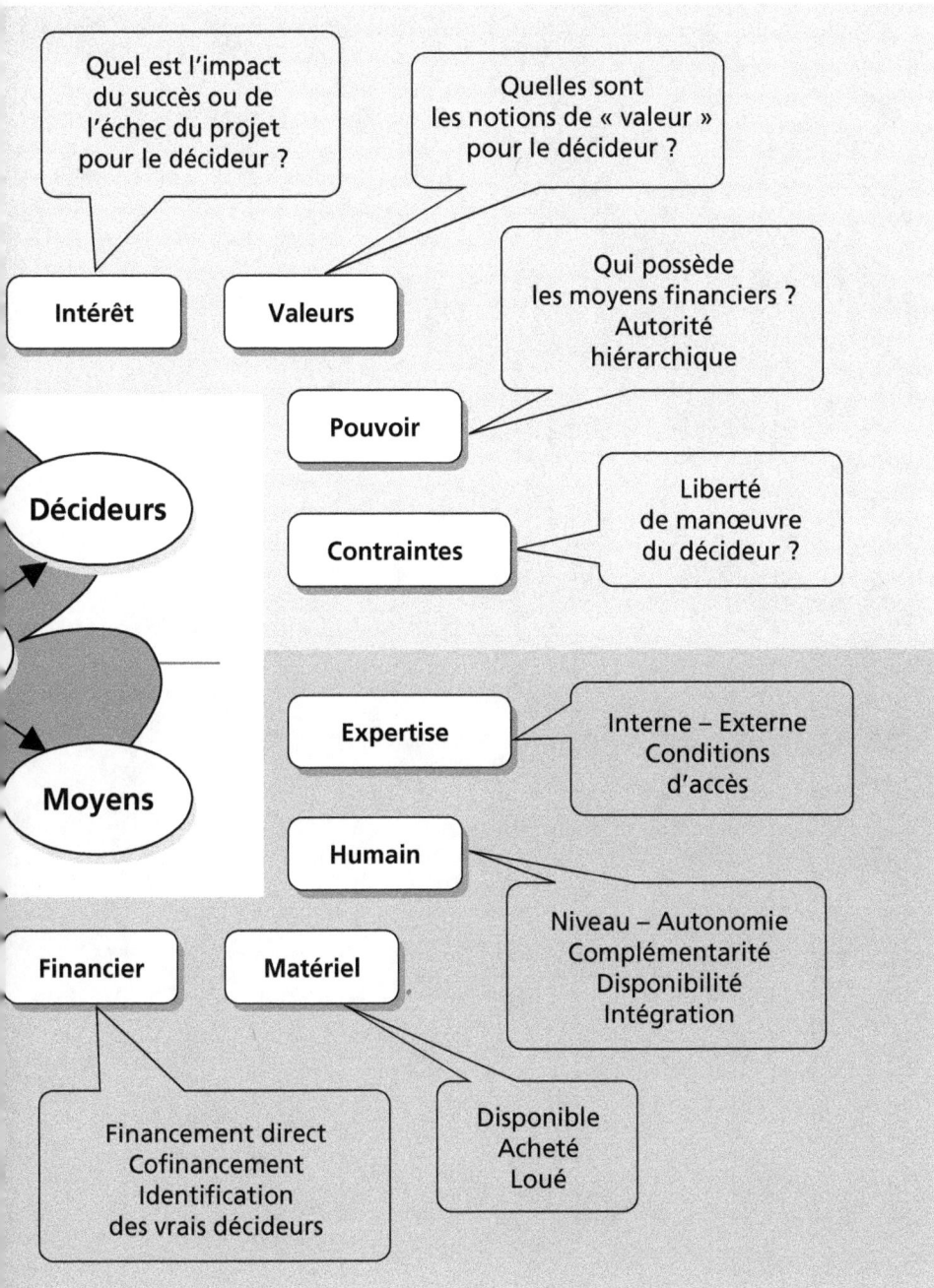

Quel est l'impact du succès ou de l'échec du projet pour le décideur ?

Quelles sont les notions de « valeur » pour le décideur ?

Intérêt

Valeurs

Qui possède les moyens financiers ? Autorité hiérarchique

Pouvoir

Décideurs

Liberté de manœuvre du décideur ?

Contraintes

Expertise

Interne – Externe Conditions d'accès

Moyens

Humain

Niveau – Autonomie Complémentarité Disponibilité Intégration

Financier

Matériel

Financement direct Cofinancement Identification des vrais décideurs

Disponible Acheté Loué

quatre feuilles

2

Les fondamentaux
du management de projet

LES 15 ACTES FONDAMENTAUX DU MANAGEMENT DE PROJET

1. Exploiter les expériences des projets précédents.
2. Viser des objectifs ambitieux.
3. Identifier les prestations attendues par l'analyse fonctionnelle.
4. Gérer la complexité sous l'aspect humain.
5. Décider suite à l'avant-projet des solutions à retenir.
6. Jalonner le projet avec un scénario logique.
7. Identifier les risques et les préoccupations des acteurs.
8. Identifier les conditions de réussite par une approche système.
9. Mettre en cohérence planning et capacité à assurer les charges.
10. Piloter pour assurer l'obtention de ces résultats attendus.
11. Donner par des indicateurs la visibilité de l'avancement.
12. Industrialiser.
13. Certifier les prestations client et homologuer le produit.
14. Et si c'était à refaire ?
15. Communiquer à chaque jalon.

NB : Ces actes ne sont pas séquentiels mais peuvent pour 14 d'entre eux être ordonnés sur la roue de Deming ou roue PDCA, explicitée pages 70-74. L'acte n° 15 sur la communication est, lui, à mettre en œuvre à chaque jalon du projet.

Les numéros sont placés au moment où les items correspondants sont actés mais bien évidemment ils sont pris en compte dès la première étape, « préparer ».

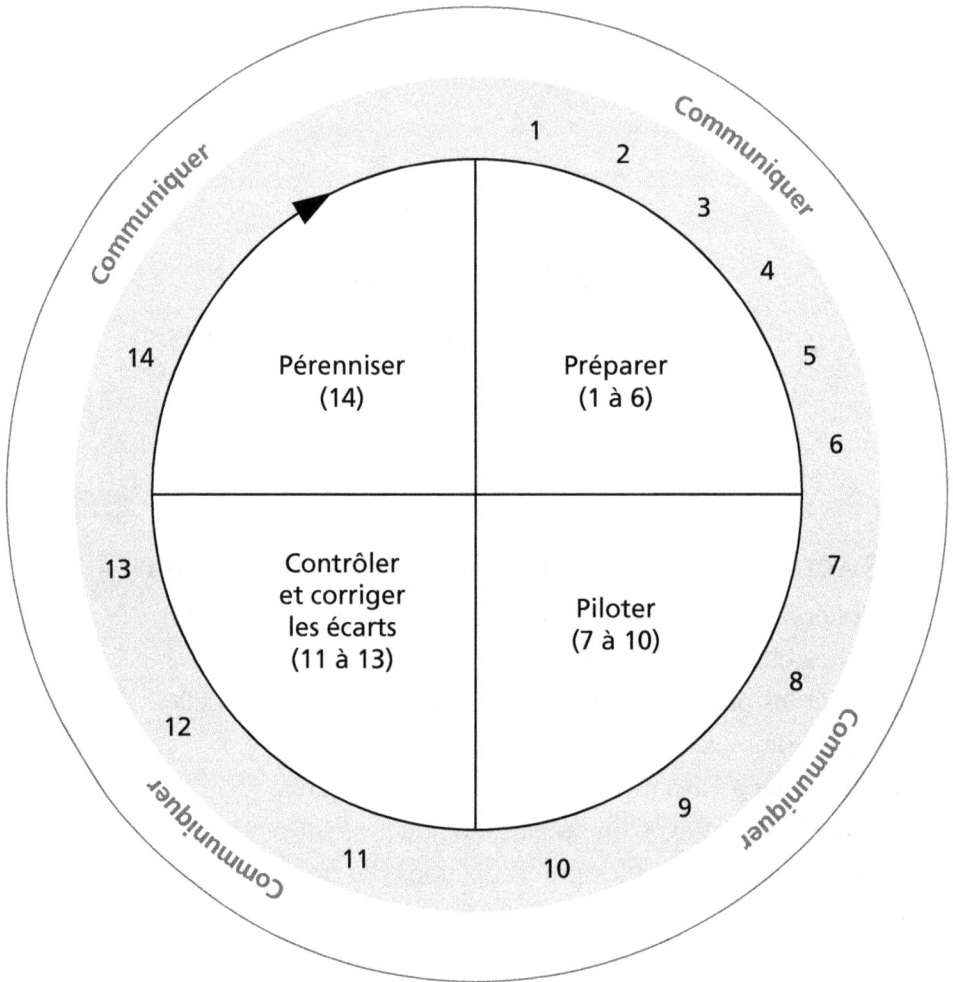

Figure 4 – Roue de Deming du management de projet

La phase de préparation est trop souvent oubliée ou négligée. Dans ce cas, le pilotage du projet sera plus complexe, avec des dérives sur les objectifs de qualité, coût et délai.

« *Ne pas prévoir, c'est déjà gémir.* »
Léonard de Vinci

ACTE 1 : EXPLOITER LES EXPÉRIENCES DES PROJETS PRÉCÉDENTS

Pourquoi ?

L'exploitation judicieuse des retours d'expériences est une source de gain de temps et d'argent car elle permet d'éviter les erreurs des projets précédents.

Comment ?

Diverses méthodes sont applicables ; nous en rappellerons ici les principaux éléments :

- *Des échanges entre projets, ou « tuilages ».* Cette démarche est très efficace et assez rapide à mettre en œuvre, mais nécessite d'être pilotée, pour être efficace, par le projet bénéficiaire et non les projets précédents. C'est comme les tuiles d'un toit, qui doivent se chevaucher dans le bon sens.

- *Une problématique claire et consensuelle du projet en cours* pour se concentrer sur son problème et éviter de se laisser disperser par l'offre trop abondante d'expériences. Il ne faut pas faire une confiance aveugle à une seule expérience sans comprendre les contextes, les raisons des réussites et/ou des échecs passés.

- *Un accès aux documents capitalisés par l'entreprise* (page 146) pour ne pas réinventer ce qui existe et bien utiliser les standards de l'entreprise.

- *Des références aux meilleurs produits et services des concurrents* pour consolider les cahiers des charges qui seront à qualifier sur des critères précis.

- *Des benchmarkings* sur les processus, les organisations, les outils, dans le même domaine ou des domaines similaires du point de vue de la problématique, pour ne pas se limiter aux expériences internes à l'entreprise.

- *Le recrutement d'acteurs expérimentés* ayant démontré leurs performances sur des projets précédents et ayant une bonne capacité d'adaptation aux nouvelles problématiques.

- *Une participation du chef de projet actuel au bilan d'un projet précédent.* Un bilan peut se faire entre responsables de même niveau et en collectif avec les acteurs les plus représentatifs mais il sera toujours « piloté par l'aval », c'est-à-dire par le besoin et non par l'offre.

- *Un accès à des personnes clés* comme les experts sur des sujets que l'on considère mal traités par les projets précédents, les fournisseurs, les clients de l'entreprise élargie, à savoir les différents experts, les fournisseurs, etc.

- *Un accès à des lieux privilégiés* où les nouveaux acteurs projet peuvent prendre conscience des problèmes. Par exemple, des visites en usine, des analyses de produits ayant entraîné des insatisfactions de clients ou encore des audits sur les sites de production des fournisseurs.

« *L'expérience est le nom que chacun donne à ses erreurs.* »
Oscar Wilde

ACTE 2 : VISER DES OBJECTIFS AMBITIEUX

Pourquoi ?

Le client veut de la différenciation dans l'offre de produits. Il faut l'inciter à acheter votre produit plutôt que les produits des concurrents. Il est donc nécessaire de se fixer des objectifs ambitieux pour séduire le client et motiver les acteurs d'un projet. Par ailleurs, il faudra pouvoir tenir ces objectifs, ce qui impose de les fixer en cohérence avec l'état de l'art ou le niveau supposé de la concurrence au moment où le projet aboutira.

Gustave Eiffel, avec son impossible tour, Ferdinand de Lesseps, qui relie la mer Rouge à la Méditerranée et, plus récemment, le tunnel sous la Manche sont des exemples de réussite de projet liée à une incroyable soif d'entreprendre.

En 1960, le président J. F. Kennedy promet à son peuple qu'un Américain posera le pied sur la lune… projet insensé pour la majorité des Américains ! Si les techniciens de la Nasa ont été surpris dans un premier temps, ils furent ensuite très motivés par ce challenge extraordinaire. Ce programme fut l'occasion de créer de nouvelles méthodes et outils de management de projet et en 1969 Neil Armstrong posa effectivement le pied sur la lune, avec une communication télévisuelle mondiale et en direct de l'événement.

Dans un autre domaine, on se souvient du discours de Martin Luther King : « I have a dream… » Dans un objectif bien construit, il y a toujours une part de rêve.

Dans le domaine du sport de haut niveau, David Douillet, le Français triple champion olympique, préconise de viser 110 % de son objectif pour devenir champion et de connaître ses limites pour mieux les dépasser…

Dans l'industrie, l'expérience montre que des projets de réduction des coûts de 5 % par la mise en œuvre de méthodologies complexes n'ont abouti que très partiellement alors que des tentatives de réduction de coûts de 30 % pilotées par la nécessité impérieuse d'aboutir ou de disparaître ont été couronnées de succès.

Comment ?

C'est par la dynamique et des projets ambitieux que l'on provoque les changements nécessaires à la survie d'une entreprise, et non par des contrats ou des cahiers des charges. Tout cela anesthésie les énergies, crée un « consensus mou ».

Et si cet objectif paraît très difficile à atteindre,
c'est qu'il est bien défini !

Les critères de fixation d'objectifs sont toujours de trois ordres, à savoir : qualité, coût et délai. Ces objectifs sont bien évidemment à relier à des indicateurs précis, simples, fiables, visibles par tous, faciles à comprendre (pages 168-169).

Un projet leader doit être porteur de sens, d'ambition, de rêve pour motiver les acteurs du projet, qui seront ainsi plus créatifs. L'objectif est de leur donner confiance en eux en leur montrant par une communication sincère et efficace qu'ils sont capables.

« *L'imagination est plus importante que la connaissance.* »
Albert Einstein

ACTE 3 : IDENTIFIER LES PRESTATIONS ATTENDUES PAR L'ANALYSE FONCTIONNELLE

Pourquoi ?

Une fois les objectifs globaux définis, il faudra les traduire en prestations attendues au terme du projet pour aider à construire la trajectoire (page 39 et chapitre 9). La description de ces prestations devra être très précise, et il faudra très certainement les ajuster, les modifier au fil de l'eau, il s'agira de ne jamais trahir l'ambition initiale.

On n'oubliera pas que l'on ne vend pas aux clients les produits et services mais la valeur d'usage qu'ils contribuent à créer pour eux.

L'analyse fonctionnelle externe (page 76) permet de décrire les exigences client, exprimées ou pas. Ces exigences sont traduites pour chaque étape du cycle de vie en critères précis afin de guider la conception à chaque étape du projet.

Comment ?

Les prestations en termes de qualité, coût et délai étant définies dans un langage client, il faut les traduire dans un langage technique, en les décomposant en critères techniques simples et concrets à obtenir.

Ces critères sont consignés dans les cahiers des charges fonctionnels du projet, déclinés en cahiers des charges techniques par systèmes, sous-systèmes… et cela jusqu'aux composants. Cette déclinaison des prestations client en cahiers des charges techniques se fait suivant le diagramme en V d'un produit (page 92).

Les critères techniques sont alors à transformer en résultats attendus intermédiaires qu'il faut obtenir à des dates précises, cohérentes avec le jalonnement du projet (chapitre 9).

Cette approche correspond à l'analyse fonctionnelle dite externe. Elle doit être complétée par une analyse fonctionnelle interne ou technique (page 80). Le point central en est la réalisation d'une étude validée par des calculs et/ou des essais, après prise en compte des dispersions industrielles liées aux moyens industriels et donc très liées aux coûts.

Toute étude doit se faire en boucle avec une validation qui intègre impérativement les configurations les plus défavorables correspondant aux limites de dispersion industrielle.

En complément, pour ajuster si nécessaire les prestations attendues par les clients, il faut avoir intégré, dans la conception, la possibilité de faire un réglage *ad hoc* des paramètres, facile à mettre en œuvre et peu onéreux.

« *L'approche est toujours plus belle que l'arrivée.* »
Alain-Fournier

ACTE 4 : GÉRER LA COMPLEXITÉ SOUS L'ASPECT HUMAIN

Pourquoi ?

Un projet est complexe pour deux raisons principales indissociables :

* les préoccupations des acteurs du projet, liées aux risques et aléas techniques ;
* le nombre important d'intervenants, lié à la complexité technique du projet et à l'organisation de l'entreprise.

La première difficulté consiste à identifier et à motiver ces multiples intervenants de l'entreprise et de ses fournisseurs.

La deuxième difficulté est de construire collectivement la trajectoire, c'est-à-dire, *qui doit et peut contribuer à quoi et quand*. Cette trajectoire représente la chaîne de « valeurs client » permettant d'accéder aux livrables du projet.

La troisième difficulté est de créer la dynamique projet pour obtenir les résultats attendus intermédiaires qui conduiront aux livrables du projet.

Comment ?

La démarche est initialisée par la construction d'un organigramme fonctionnel (page 176) réalisé à partir des livrables recherchés. On identifie ainsi les acteurs à réunir pour construire la trajectoire. Il va de soi que ces acteurs sont effectivement les leaders dans leurs domaines respectifs.

Un pilote est nécessaire pour harmoniser, contrôler, assurer l'obtention des résultats attendus. Avec ses acteurs principaux, il doit rendre compte à *un comité de pilotage,* présidé par le directeur du projet global dans lequel s'inscrit ce projet.

La motivation des acteurs est un élément essentiel. Nous pouvons comparer le lancement d'un projet à la conduite d'un pétrolier : il est difficile de le lancer, difficile de lui faire changer de trajectoire sans anticiper longtemps à l'avance et difficile de l'arrêter. Dans l'entreprise élargie aux fournisseurs, tout le monde travaille et n'attend pas le nouveau projet l'arme au pied. Un projet dérange, chaque acteur indique : « Je veux bien partir si... » Il faut donc créer les conditions d'une motivation globale et générale. Une méthode consiste à initialiser l'avant-projet avec des équipes très réduites puis à passer au projet avec un cérémonial de lancement, après avoir identifié les conditions de réussite avec les acteurs repérés par l'organigramme fonctionnel.

La notion de maître d'ouvrage, qui rédige le cahier des charges fonctionnel, et de maître d'œuvre, qui se charge de la coordination des activités des différents intervenants, est une notion trop limitée car elle suppose que tout va aller comme prévu dans un processus formalisé. Or, un projet, c'est gérer l'imprévu, les aléas, prendre des risques, saisir des opportunités, tout cela suppose réactivité, complicité et complémentarité des acteurs quels que soient leurs niveaux.

L'acceptation des changements d'organisation engendrés par le nouveau projet s'obtiendra par un *lobbying* efficace (page 150).

« Il vaut mieux des gens pas géniaux et solidaires que des gens géniaux et solitaires. »
H. Sérieyx

ACTE 5 : DÉCIDER, SUITE À L'AVANT-PROJET, DES SOLUTIONS À RETENIR

Pourquoi ?

Le but d'un avant-projet est de permettre un choix judicieux entre plusieurs hypothèses crédibles. La fin de cette étape doit :

- assurer la faisabilité technique du choix effectué ;
- permettre la construction des enjeux économiques du projet : le ticket d'entrée, les différents coûts, les marges, les réserves pour aléas, etc. ;
- donner une assurance sur la capacité à faire du « business » avec ce projet ;
- fixer en accord avec tous les partenaires les délais de commercialisation ;
- obtenir des instances supérieures de pilotage un accord de lancement du projet, sur la base du choix effectué et de la pertinence technico-économique du projet ;
- communiquer largement et efficacement pour aboutir à une situation de « départ lancé » du projet.

Comment ?

Pour chacune des solutions possibles, il faut construire dès le début de l'avant-projet la traçabilité des décisions à prendre, suivant un échéancier précis et cohérent avec :

- les positions d'acteurs extérieurs comme la concurrence, les réglementations, etc. ;
- une volonté et possibilité commerciale de faire du « business » ;
- la capacité industrielle à fabriquer l'objet requis ;
- un engagement collectif de dire ce qu'il faut faire pour réussir.

Tous les aspects techniques, scientifiques, sociaux, économiques, environnementaux, commerciaux sont à prendre en compte pour donner de la robustesse au choix.

Pour s'engager ensemble, avec confiance, sur le délai final d'obtention des livrables, il est nécessaire, dès la fin de l'avant-projet, de réaliser le plan des conditions de réussite du projet avec les bons intervenants (pages 176, 200). Le plan réalisé, il faut identifier les résultats critiques dont l'obtention semble difficile. Pour chacun de ces résultats critiques, une approche similaire devra être appliquée avec les intervenants concernés.

Les plans réalisés collectivement seront les témoignages concrets qu'une trajectoire est construite dans l'engagement collectif et individuel d'acteurs identifiés… et donc que c'est possible.

Cette étape marque la fin de l'avant-projet et le début du projet, qui se caractérise par le passage des intentions à des actions de plus en plus concrètes.

À ce stade, c'est la fin des alternatives, il faut s'engager avec détermination pour affronter de nombreux imprévus et remises en cause sans chercher à renégocier à chaque fois les objectifs. Au contraire, à chaque difficulté rencontrée, il faut se poser la question : Comment rester sur la trajectoire ?

« Il n'y a de bons vents que pour celui qui sait où il va. »
Sénèque

ACTE 6 : JALONNER LE PROJET AVEC UN SCÉNARIO LOGIQUE

Pourquoi ?

Une concurrence de plus en plus forte a engendré une exigence de rapidité à mettre sur le marché des produits nouveaux. Elle a conduit beaucoup d'entreprises à rechercher la meilleure logique de développement.

Après avoir privilégié la qualité, considérée comme incontournable dans les années quatre-vingt, la réduction du temps du cycle de conception d'un nouveau produit a été érigée comme principale priorité vers 1990.

Les durées de développement d'une automobile, par exemple, sont ainsi passées de cinquante-six mois à trente-trois mois et parfois vingt-quatre mois, avec un niveau de complexité supérieur.

Depuis 1995, les coûts ont constitué le troisième champ de bataille, et nous avons constaté que les meilleurs en qualité et délai, ont eu beaucoup à souffrir de cette guerre des coûts. La leçon à tirer est qu'un équilibre permanent sur les trois critères qualité, coût et délai est nécessaire sans être suffisant. En effet, le nouveau challenge se joue sur les innovations… Quel sera le suivant ?

Toute cette analyse montre la vigilance permanente dans la recherche de la meilleure pratique ou meilleure logique de développement. C'est à partir de cette logique que les acteurs projet des différents métiers vont organiser leurs collaborations, sachant que, pour chaque métier, il faut décliner la logique générale en logique métier, souvent appelée « scénario du métier » (page 185).

Une logique sert à donner un cadre général à l'entreprise. Les étapes ou jalons mentionnés correspondent à des passages obligés devant les instances supérieures de pilotage du projet, ces jalons engageant toute l'entreprise.

Comment ?

Logiques ou scénarios sont construits :

- par une impulsion de la direction fixant de nouvelles cibles ;
- en respect du cycle PDCA ou roue de Deming (pages 70-71) ;
- collectivement par un groupe d'acteurs ayant une bonne expérience des bonnes pratiques sur le terrain ;
- par des *benchmarkings* pour repérer les différentes pratiques et s'approprier les meilleures ;
- par des applications concrètes sur des projets successifs dont on aura pris soin de tirer les meilleures expériences, étape après étape.

Un scénario de projet se décrit par la formalisation des cinq à six principaux jalons, en fixant des durées entre ces jalons issues des expériences des projets précédents et d'une contrainte qui sera une source importante de progrès.

Une fois la logique retenue, de nombreuses informations et formations aux nouvelles pratiques sont nécessaires, principalement pour faire accepter les changements culturels.

« *Le secret de n'avoir pas d'ennuis, pour moi
du moins, est d'avoir des idées.* »
Eugène Delacroix

ACTE 7 : GÉRER LES RISQUES ET LES PRÉOCCUPATIONS DES ACTEURS

Pourquoi ?

L'objectif principal d'un projet est de gérer les risques induits par le change-ment et les risques sont de toutes natures. La liste suivante, bien que non exhaustive, en donne un bon aperçu :

- risques d'une mauvaise identification des besoins client ;
- risques techniques, principalement aux interfaces des pièces et des organisations ;
- risques humains, tels que des absences ou des manques de compétences techniques et managériales ;
- risques industriels, par une mauvaise capacité à fabriquer la qualité et la quantité requise ;
- risques financiers, par une mauvaise évaluation des moyens ;
- risques commerciaux, par la difficulté à vendre les produits et/ou les services conçus et réalisés ;
- risques juridiques ;
- la prise en compte des réglementations existantes et futures, etc.

Une mauvaise évaluation des risques est la cause principale des dysfonction-nements d'un projet. Cela engendrera des insatisfactions client et, par voie de conséquence, une dégradation de la performance de l'entreprise préjudicia-ble aux salariés et aux actionnaires.

Les risques d'un projet se font d'abord sentir par des signaux faibles perçus par tel ou tel acteur isolé, qui peuvent se transformer en préoccupations d'une ou deux personnes pour devenir parfois des questions plus complexes à résoudre.

Gérer les risques nécessite des comportements et méthodes adaptés (chapitre 5 pages 111-124). À défaut d'être acceptés à temps, les risques se transformeront en problèmes avérés, nécessitant la recherche de solutions « à chaud », toujours plus délicate et générant des délais et des coûts supplémentaires.

L'efficacité du management est ainsi directement liée à la capacité à anticiper les risques.

Comment ?

Il est recommandé d'utiliser les méthodes les plus simples avant d'utiliser les plus complexes :

- Affirmer que les problèmes des projets précédents sont par définition des risques qu'il convient de traiter pour le projet actuel.
- *Écouter les préoccupations des acteurs de terrain* (page 178) : par leurs expérience et présence sur le terrain, ils vont capter les risques potentiels avant tout autre.
- Identifier les risques majeurs par *une analyse préliminaire des risques* (page 111).
- Utiliser les méthodes *AMDEC et la sûreté de fonctionnement,* puis hiérarchiser sur un graphe criticité par rapport à la probabilité d'apparition les risques à traiter prioritairement (pages 111-124).

NB : Traiter des risques veut dire les transformer en résultats attendus, en précisant par qui et pour quand, et vérifier que les preuves de l'obtention de ces résultats sont suffisantes donc robustes pour garantir l'élimination de ces risques.

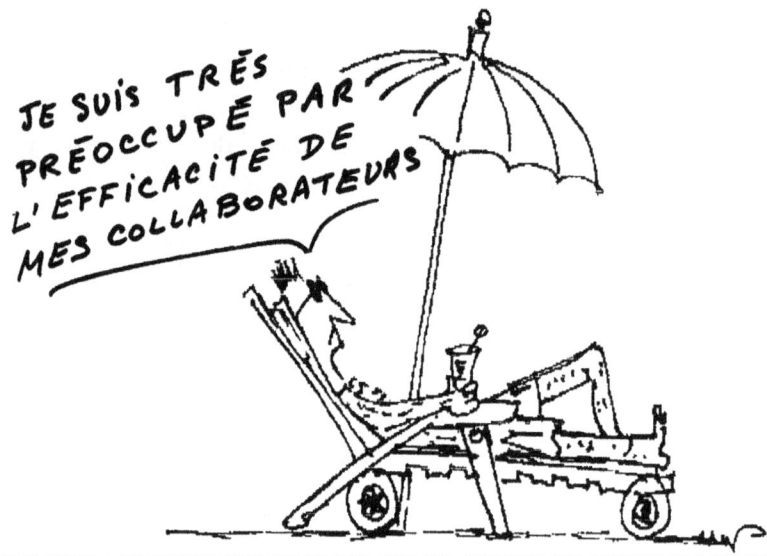

« *Il ne faut jamais oublier de prévoir l'imprévu.* »
A. Detoeuf

ACTE 8 : IDENTIFIER LES CONDITIONS DE RÉUSSITE PAR UNE APPROCHE SYSTÈME

Pourquoi ?

Nous avons vu page 29 la complexité sous l'aspect humain ; à cela s'ajoute une complexité technique, sociotechnique, socio-économique… Une fois le choix de ce que l'on veut faire effectué, le lancement efficace d'un projet est une étape délicate. La solution proposée ici consiste, au niveau de l'ensemble du projet et jusqu'à chaque système, fonction et prestation, à identifier les conditions de réussite. Celles-ci sont associées aux acteurs chargés de les mettre en œuvre, à des dates requises pour faciliter l'obtention de la condition de réussite suivante. Autrement dit, qui doit contribuer à quoi et quand : ainsi se construit une chaîne de résultats attendus intermédiaires nécessaires à l'obtention des livrables du projet. Ce plan devient la trajectoire, ou *road-map*, du projet, respectant les principes d'ingénierie concourante, simultanée et partagée avec les fournisseurs.

Comment ?

Une réunion collective des acteurs repérés conformément à l'acte 4 va permettre d'obtenir le plan des conditions de réussite. Cette démarche devra être initialisée au niveau hiérarchique adéquat si l'on veut entraîner tous les acteurs dans une dynamique collective.

La difficulté réside dans le *changement culturel* qu'exige cette démarche : elle impose d'échanger entre collègues et dans l'esprit d'une chaîne de résultats conduisant aux livrables du projet, en encourageant les initiatives personnelles à rechercher les tâches les plus judicieuses sans manques et sans doublons.

Les formations d'excellence comme l'émulation par la concurrence externe et interne entraînent les ingénieurs à travailler certes mieux mais trop souvent en concurrence stérile. Il faut donc aussi construire des convergences d'intérêts pour un rêve partagé où chaque acteur repère exactement son apport et l'apport des autres. Lors de la construction de plans réalisés par la démarche de convergence (chapitre 9), il est toujours constaté, en début de réunion, une certaine réticence des acteurs à partager puis, en fin de réunion, leur joie d'avoir participé à une œuvre collective qu'ils ne sauraient réaliser seuls.

Toutes nos organisations traditionnelles et naturelles ont tendance à générer des activités séquentielles consommatrices de ressources qui ne garantissent pas une preuve robuste de résultat. Il faut repérer tous les travaux non justifiés par un résultat attendu concret, représentant « une valeur client » et identifié collectivement.

Le danger le plus fréquent est de ne pas mobiliser à 100 % toutes les énergies : une partie des acteurs projet se lamente d'un excès de charge alors que la majorité est sous-employée et ne sait pas où les leaders veulent aller. Il y a beaucoup à parier qu'eux-mêmes se cherchent et n'osent pas le dire ou le montrer pour ne pas perdre en prestige, mais cela est globalement inefficace et doit être combattu. Chacun doit savoir ce que l'on attend de lui et de ses collègues. Cette condition est très motivante et participe aux bonnes relations allant jusqu'à l'entraide, base de l'efficacité du travail en mode projet.

« Ce n'est pas assez de faire des pas qui doivent un jour conduire au but, chaque pas doit être lui-même un but en même temps qu'il nous porte en avant. »
Goethe

ACTE 9 : METTRE EN COHÉRENCE PLANNING ET CAPACITÉ À ASSURER LES CHARGES

Pourquoi ?

Pour être efficace, chaque acteur projet doit savoir ce que l'on attend de lui ; ensuite, c'est à lui de rechercher la meilleure façon de l'obtenir en qualité, coût et délai. Trop souvent, le fait de citer une tâche dans un planning devient un argument pour négocier des moyens alors que le premier réflexe devrait être l'obsession de donner ce résultat attendu à l'heure ou éventuellement de négocier les étapes de résultats compatibles entre les attentes et les moyens.

Seul l'auteur d'une tâche sait combien de temps elle nécessite ; donc, en partant de la date du résultat à livrer, lui seul sait la date à laquelle il doit commencer cette tâche, ainsi que les conditions de réussite préalables qui sont les résultats de ses collègues.

Comment ?

En changeant les comportements par :

* une contrainte budgétaire sur le ticket d'entrée obligeant les acteurs à se remettre en cause (page 128) ;
* une contrainte de délai pour se positionner au niveau des meilleurs concurrents ;
* un management entraînant les acteurs dans une culture de l'engagement donné, c'est-à-dire le respect du résultat attendu à l'heure promise ;
* l'utilisation de la démarche de convergence qui permet de visualiser la trajectoire des engagements tenus et à tenir, par qui et quand, y compris les fournisseurs ;
* un questionnement judicieux à chaque difficulté rencontrée : quelles sont les conditions de réussite pour lever cette difficulté ? ;
* la mise en cohérence des tâches à partir du chemin critique (pages 224, 219-226), de façon à décider des appels à la sous-traitance, d'autres types de collaboration ;
* un engagement à fournir le résultat promis à la date requise, en planifiant les tâches à partir de cette date dans un rétroplanning, à l'inverse d'un planning traditionnel ;
* une vérification des charges par entité ; la démarche de convergence est d'une aide précieuse car on peut chiffrer pour chaque résultat attendu le nombre de jours hommes nécessaires et les compétences requises. Cette

méthode s'avère simple et efficace pour une approche macroscopique souvent suffisante permettant la mise en cohérence de toutes les entités concernées ;

- une consolidation des délais réalisée par des démarches descendantes et remontantes (page 223). Ces démarches ne doivent pas faire l'objet de discussions infinies, il s'agit de corriger les erreurs les plus flagrantes sans perfectionnisme.

Trop souvent, les acteurs se plaignent de délais trop contraignants. Ils n'ont aucune visibilité de la trajectoire et des partages de responsabilités. De plus, les résultats liés à des tâches critiques en délai ne sont pas identifiés ou sont amalgamés dans un ensemble ne posant pas de problèmes, ce qui décrédibilise leurs inquiétudes, parfois fondées.

« Il y a deux choses que l'expérience doit apprendre : la première, c'est qu'il faut beaucoup corriger ; la seconde, c'est qu'il ne faut pas trop corriger. »
Eugène Delacroix

ACTE 10 : PILOTER POUR ASSURER L'OBTENTION
DES RÉSULTATS ATTENDUS

Pourquoi ?

Les métiers traditionnels sont gérés par des démarches analytiques alors que les projets suivent une démarche systémique. Il faut donc « bousculer » l'organisation par une approche différente des problèmes. Le tableau ci-dessous montre les quelques différences essentielles entre ces deux approches.

Approche analytique	Approche systémique
Bonne connaissance des tâches à réaliser mais buts mal définis	Bonnes connaissances des buts mais les tâches à réaliser sont à définir
Se concentre sur les éléments	Se concentre sur les interactions entre les éléments
Considère la nature des interactions	Considère les effets des interactions
Validation par la preuve expérimentale	Validation par comparaison d'un modèle à la réalité
Indicateurs sous forme de courbes	Indicateurs rouge ou vert
Modèles précis détaillés difficiles à utiliser dans l'action	Modèles moins précis utilisables dans l'action et la décision
On modifie une variable à la fois	On modifie des groupes de variables simultanément
Approche efficace lorsque les interactions sont faibles	Approche efficace lorsque les interactions sont fortes comme les projets

Figure 5 – Comparaison des approches analytique et systémique

Comment ?

Cela consiste à :

- exprimer clairement l'objectif, les livrables précis ;
- « tirer » le projet par le concret : les résultats attendus intermédiaires ;
- centrer le projet sur l'essentiel, donc avec beaucoup de pragmatisme ;
- rendre visible la trajectoire par la réponse aux questions suivantes : où on était ? Où on est ? Où on va ? Comment on y va ?

Le directeur de projet et ses collaborateurs doivent apprendre à gérer des corrections de trajectoire en fonction :

- des offres de la concurrence ;
- des échecs de mise au point d'un produit ou d'un process industriel ;
- d'une évolution des attentes du marché.

Ils doivent aussi apprendre à décider avant d'avoir tous les éléments ; une décision simplifie la suite si elle est claire et compréhensible.

L'art de l'approximation juste est au cœur de cette approche systémique : des approximations précisément fausses mais globalement exactes permettent de garder le contrôle de cohérence du projet.

La comparaison avec l'approche analytique est intéressante ; bien entendu, il ne s'agit pas d'abandonner l'une pour l'autre, mais de bien les connaître et d'appliquer la méthode la plus adaptée à une situation donnée.

Le pilotage s'effectue dans différentes réunions, pour le lancement du projet, le *reporting* ou pour motiver les acteurs.

« *Les lois trop douces ne sont pas suivies,
les lois trop sévères ne sont pas appliquées.* »
B. Franklin

ACTE 11 : DONNER PAR DES INDICATEURS LA VISIBILITÉ DE L'AVANCEMENT

Pourquoi ?

À la base de tout progrès, il y a les indicateurs qui permettent :

- de se fixer une cible, car, comme disait Pierre Dac, « si on ne sait pas où on va, on est sûr de ne pas y arriver » ;
- de se positionner par rapport à la concurrence ;
- de repérer où nous étions ;
- de préciser là où nous sommes à l'instant t ;
- de tracer une trajectoire ;
- en cas d'écart, de montrer ce que doit faire le plan d'action pour revenir rapidement sur la trajectoire.

Les indicateurs constituent des supports concrets à la motivation des acteurs projet, à condition qu'ils soient pertinents, visibles, établis par eux et pour eux, pour assurer le pilotage de leur performance.

Ils constituent le tableau de bord du projet.

Comment ?

Les indicateurs sont des outils incontournables de la performance des projets (pour en assurer le bon usage, voir pages 168-172).

Nous pouvons classer les indicateurs en deux grandes catégories :

- les indicateurs systémiques, du type « rouge-vert », en fonction de l'obtention de résultats. Ils permettent d'avoir une vue très rapide de la situation ;
- les indicateurs analytiques, avec des tracés de courbes en fonction de deux critères ou plus.

Des recommandations importantes s'imposent pour le bon usage des indicateurs :

- la simplicité, pour garantir la compréhension sans effort ;
- l'affichage au plus près de l'action ;
- un management basé sur ces indicateurs ;
- les indicateurs ne doivent pas devenir des buts mais des moyens pour atteindre les buts visés : seul un bon management peut éviter ces perversions ;
- lorsque l'objectif est atteint et que l'indicateur est devenu inutile, il faut le changer pour un autre objectif ;

- les indicateurs fondamentaux d'un projet doivent être gérés par des acteurs indépendants, ce qui supprime le risque de manipulations, avec des accès faciles aux informations pour des mises à jour rapides et simples.

Il est souvent constaté qu'un management déficient pousse à vouloir « casser le thermomètre » que constitue l'indicateur, comme si cela suffisait pour se guérir. Cette attitude plus ou moins consciente est d'autant plus constatée que les indicateurs concernés manquent de robustesse.

D'autre part, il faut, pour bien piloter un projet, à l'image du pilotage d'une automobile, piloter avec simultanément deux visions : celle de la route et celle du tableau de bord. Il en va de même pour un projet : cette double vision du court terme par rapport au long terme ou d'un détail par rapport au global est nécessaire.

« Faute de pouvoir voir clair, nous voulons,
à tout le moins, voir clairement les obscurités. »
Freud

ACTE 12 : INDUSTRIALISER

Pourquoi ?

Cette phase initialisée dès la phase préparatoire se concrétise dans la conception simultanée du produit et du process. Elle se termine sur le site de production par la mise en œuvre des moyens de production. Elle est la plus importante par ses enjeux financiers : tous les investissements sont réalisés et il faut aller le plus vite possible pour obtenir le retour sur investissement attendu.

Cette phase est celle de la vérité, celle où tous les mauvais compromis se transforment en problèmes avérés, très concrets et indiscutables. L'industrialisation ne peut débuter de façon satisfaisante qu'avec un produit au point dont la conception et la validation ont intégré, dès le départ, les capacités industrielles.

Comment ?

Cette phase du projet consiste à coordonner tous les corps de métier internes et externes à l'entreprise, par des *task-forces* sur chaque problème rencontré.

Le process industriel résulte de différents éléments :
- éléments physiques :
  - bâtiments disponibles avec tous les fluides nécessaires ;
  - machines pour emboutir, usiner, assembler ;
  - outillages permettant la réalisation des pièces constituantes du produit ;
- organisations humaines :
  - achats de matières, composants, sous-systèmes et systèmes complets venant de fournisseurs ;
  - flux logistiques pour assurer, d'une part, la livraison des achats au bon endroit et au bon moment et, d'autre part, la sortie des produits finis ;
  - opérateurs bien formés à chaque poste de travail ;
  - encadrement des opérateurs ;
  - service de maintenance ;
  - service qualité ;
  - services de programmation de la production ;
  - services de gestion des ressources humaines ;
  - services de contrôle de gestion ;
  - encadrement supérieur.

Toutes ces structures assurent la fabrication en continu mais, *pour le démar-rage d'un nouveau produit, des organisations transitoires, dynamiques et très réactives à tous les niveaux vont régler les problèmes qui résultent de la mise en cohérence* exigée par la production. Les étapes principales sont sommaire-ment décrites dans le diagramme en V d'un process industriel page 93.

Ce qui caractérise cette phase du projet, c'est que les tâches des acteurs ne peuvent être précisément programmées : ce sont les problèmes qui viennent vers vous et chaque journée se déroule autour des événements du projet.

« Les hommes ont été, sont et seront menés par les événements. »
Voltaire

ACTE 13 : CERTIFIER LES PRESTATIONS CLIENT ET HOMOLOGUER LE PRODUIT AVANT COMMERCIALISATION

Pourquoi ?

Cette étape est un des bouclages du projet pour le produit ou le service étudié. En effet, nous avons défini précédemment un cahier des charges fonctionnel, il faut maintenant vérifier que le produit de sortie le respecte. Il y a donc nécessité à faire vivre sans cesse ce cahier des charges pour qu'il ne soit pas obsolète à cette étape essentielle de certification de la conformité du produit et/ou service par rapport aux besoins client.

La certification de la conformité du produit aux attentes des clients doit se faire sur un grand nombre d'exemplaires réalisés avec les moyens industriels prévus et dans les situations les plus proches possible de celles rencontrées par les clients.

En parallèle, le produit est à homologuer par tous les organismes concernés pour en autoriser la commercialisation. C'est un acte juridique important dans le déroulement d'un projet.

Comment ?

Chaque prestation du cahier des charges sera vérifiée pour chacun des critères définis et comparée à une référence ; par exemple, un produit antérieur et/ou concurrent repéré performant sur cette prestation.

Une cotation à 4 niveaux peut être retenue suivant l'échelle ci-dessous :

- *satisfaisant* : le critère respecte le cahier des charges qui de plus est confirmé pertinent par rapport à la cible concurrente ;
- *acceptable* : le critère relève de petits écarts par rapport au cahier des charges, mais, suite à des comparaisons avec la cible concurrente, le client ne percevra pas la différence perçue par des experts ;
- *insuffisant* : le critère relève des écarts importants par rapport au cahier des charges ; une mise au point s'impose ;
- *insatisfaisant* : une forte remise en cause s'impose.

NB : à ce stade, le quatrième niveau n'apparaît pas, sauf aléas, car des vérifications ont eu lieu en continu pour éviter ce genre de désagrément.

En complément du respect du cahier des charges fonctionnel pour les *prestations instantanées perceptibles par les clients*, il faut prendre en compte d'autres prestations comme la *fiabilité* du produit par des essais de longue durée, sur un grand nombre d'exemplaires s'il s'agit d'une production en série. Pour un exemplaire unique comme un pont, il faut utiliser soit des essais aux limites de charges improbables mais néanmoins possibles complétés par des calculs tenant compte d'un coefficient de sécurité supérieur correspondant à des sollicitations extrêmes combinées telles que charge maximale avec vent et pluie ou neige.

« La plus grande insanité est de croire que nous pouvons faire les mêmes choses et espérer des résultats différents. »
B. Franklin

ACTE 14 : ET SI C'ÉTAIT À REFAIRE ?

Pourquoi ?

Réaliser un bilan est utile pour l'équipe projet et pour les projets précédents. Il faut toutefois veiller à ce que ce bilan soit fait dans d'excellentes conditions, par exemple, après la célébration du succès du projet pour créer un climat favorable. L'occasion de ce bilan n'est pas de régler des comptes mais de s'enrichir collectivement. Un bilan individuel sous la forme d'un roman ne sert à rien ; d'ailleurs, les auteurs n'apprécient guère la réalisation de ces documents *post-mortem* fastidieux à réaliser et inutiles pour les acteurs des projets suivants. Un bilan collectif est plus enrichissant pour tous. Il faut qu'il se réalise rapidement, et que le document de sortie ou livrable soit très accessible.

Comment ?

L'utilisation de tableaux très simples et bien ciblés sur les réussites à copier et les erreurs à éviter est suffisante et très opérationnelle pour les projets suivants. Ces conditions de réussite sont à placer avec des dates et des responsables dans les plans de convergence (décrits au chapitre 9 pages 173-212).

Thèmes	Succès à copier	Conditions de réussite pour bien copier les succès

Thèmes	Erreurs à éviter	Causes identifiées	Conditions de réussite pour éviter les erreurs

Figure 6 – Tableau pour « tuilage » d'expérience entre projets successifs

Comme nous l'avons déjà dit, il faut, une fois l'expérience récupérée, considérer que tous les dysfonctionnements précédents se reproduiront ! Ainsi, par un management adapté dont le but sera de démontrer qu'il n'en est rien, une dynamique projet va s'installer, avec d'excellents résultats par rapport à l'investissement en temps effectué par les acteurs.

Par ailleurs, la vérification collective et systématique des « détails » ou considérés comme tels – par exemple, les fixations des différentes pièces d'un système, qui sont les sources habituelles de difficultés – est, une fois ces difficultés résolues, très utile pour formaliser de bons retours d'expériences. Les causes sont effectivement petites mais les conséquences, souvent graves, en termes d'effets négatifs pour les clients.

« *L'expérience est une lanterne que l'on porte dans le dos.* »
Confucius

ACTE 15 : COMMUNIQUER À CHAQUE JALON

Pourquoi ?

La communication est indispensable à l'efficacité d'un projet pour :

- créer la motivation de chacun des acteurs et, ainsi, une dynamique collective ;
- faire adhérer aux objectifs ambitieux, faire rêver, comme Napoléon galvanisait ses troupes avant la bataille ;
- célébrer la réussite du projet à des jalons clés et redonner l'élan nécessaire ;
- « donner le goût de la mer », comme disait Antoine de Saint-Exupéry ;
- construire de la solidarité en montrant la complémentarité des acteurs ;
- dire comment les acteurs seront aidés en cas de difficultés ;
- annoncer clairement le droit à l'erreur et non à la dissimulation.

Le « goût de la mer » est, pour un concepteur, le goût d'étudier, pouvoir dire : « J'ai conçu ce produit » ; pour un fabricant, donner envie de le réaliser en très grande quantité avec fierté ; pour un commerçant, le goût de vendre le produit par milliers, etc.

Comment ?

Définir un cahier des charges de la communication
• À quels acteurs s'adresse notre message, internes ou externes au projet ?
• À quelles dates faut-il communiquer ?
• Sur quoi, quels messages ?
• Pourquoi, pour quel résultat attendu ?
• Quel est l'enjeu ?
• Comment communiquer, avec quelle méthode ?
• Quelle cohérence avec nos communications passées et à venir et celles de nos concurrents ?
• Comment faut-il s'organiser ?
• Comment vérifierons-nous les résultats ?
• Quels retours d'expérience pour d'autres communications similaires ?

Figure 7 – Cahier des charges de la communication

Il est très important de repérer les positions des acteurs – opposants ou déchirés ou indifférents ou partisans – et, en conséquence, d'adapter la communication :

- *aux acteurs internes,* pour leur permettre de mieux agir ;
- *aux acteurs externes,* pour leur donner l'envie de participer aux succès du projet sur les aspects qui les concernent.

« Si je communique à mes hommes l'amour de la marche sur la mer...
celui-là tissera les toiles, l'autre dans la forêt... couchera l'arbre,
l'autre encore forgera des clous,... et il en sera quelque part qui
observeront les étoiles pour apprendre à gouverner, et tous cependant
ne seront qu'un. Créer le navire, ce n'est point tisser les toiles, forger
les clous, lire les astres, mais bien donner le goût de la mer. »
Antoine de Saint-Exupéry

GRILLE D'ÉVALUATION D'UN PROJET

Les 15 fondamentaux représentés sur la figure 4 sont transformés en 15 attendus sur la figure 8 de la page suivante. Chaque question correspond à un des fondamentaux décrits dans les pages précédentes. C'est un bon outil d'analyse de la compréhension des fondamentaux de projet. Son utilisation est efficace pour les formations car elle permet la prise de conscience des points faibles à améliorer au travers d'exercices de simulation de projet. Il arrive, par exemple, qu'au moment du bilan une équipe de travail en mode projet ne cite pas l'exploitation du retour d'expérience. Au cours des débats l'un des membres précise avoir cité cette question mais ses collègues n'ont pas perçu l'intérêt et lui même n'a pas suffisamment défendu son idée.

Les évaluations correspondent à :

> **A** = Appliqué avec pertinence et excellence
> **B** = Correctement appliqué
> **C** = Peu ou mal appliqué
> **D** = Non appliqué

Les quelques défauts suivants sont souvent constatés et correspondent probablement à un manque de formations dans les cursus précédents :

* non-utilisation des expériences précédentes ;
* non-appel à des expertises externes au groupe de travail, les élèves pensent qu'ils doivent être bons seuls, la copie est considérée comme un défaut alors que dans la vie professionnelle c'est une faute professionnelle ;
* manque de communication à tous les niveaux, elle est perçue non indispensable ;
* mauvaise écoute des idées floues émises par chacun des membres ;
* non-prise en compte de la gestion des risques ;
* difficultés à jalonner le projet par une logique de résultats.

N°	Grille d'évaluation de votre projet	A	B	C	D
1	Avez-vous exploité les **expériences de projets précédents** (échecs et réussites) ?				
2	Avez-vous : • identifié les **objectifs Qualité, Coût, et délai ambitieux** avec une victoire rapide ?				
3	Avez-vous une bonne vision sur : • le fait que **votre produit est vendable par ses prestations,** • qu'il intègre des **innovations qui seront le « plus » par rapport à la concurrence ?**				
4	Avez-vous structuré votre **équipe projet** pour : • gérer les complexités techniques et humaines • appeler si besoin des expertises externes ?				
5	Suite à un avant-projet avez-vous retenu une **solution compatible avec vos objectifs ?**				
6	Avez-vous jalonné le projet par un **scénario logique pour que votre équipe sache où elle doit aller !** (les étapes du PDCA) ?				
7	Avez-vous identifié **les risques, les préoccupations des acteurs, les opportunités ?**				
8	Avez-vous transformé l'étape 7 en conditions de réussite par contributeurs respectant le scénario logique **pour que chacun sache ce que l'on attend de lui ?**				

N°	Grille d'évaluation de votre projet	A	B	C	D
9	Avez-vous une bonne visibilité de la cohérence entre le délai et la **capacité à assurer les charges ?**				
10	Avez-vous prévu le **mode de pilotage** pour garantir l'obtention des résultats attendus ?				
11	Avez-vous des **indicateurs simples et pertinents permettant** à chaque instant de savoir où vous en êtes sur la trajectoire du projet vers le livrable et d'en mesurer l'avancement ?				
12	Avez-vous prévu comment vous allez confirmer **que votre produit est apte à être fabriqué** et respecte les cibles QCD ?				
13	Avez-vous prévu comment votre **conception sera certifiée bonne** en produit et process (qualité répétable) et homologuée (autorisation de vendre donnée par les services officiels concernés) ?				
14	**Et si c'était à refaire ?** Avez-vous construit un bilan simple et pragmatique pour être exploité par les autres projets ?				
15	Avez-vous prévu de **communiquer tout au long du projet ?** • vers les clients et les décideurs, • en interne de l'équipe projet à chaque phase du projet, et vers les autres projets.				
	BILAN =				

Figure 8 – Grille d'analyse d'un projet

3

Les outils et les méthodes pour définir le problème

MÉTHODE DE RÉSOLUTION DE PROBLÈMES

De quoi s'agit-il ?

Un problème est un écart entre une situation souhaitée et une situation constatée, avec l'assurance que cet écart intéresse un client (celui qui va vous rétribuer directement ou indirectement).

Une relation directe existe avec le PDCA. En effet, un problème résulte d'un écart entre la prévision dans la *phase plan* et le constat dans la *phase* check.

> Un problème, c'est un écart entre le prévu et le constaté dans une perspective client.

Il est indispensable que les deux paramètres P et C soient chiffrés, et dans la même unité.

Pour résoudre un problème, encore faut-il le connaître. La différence entre l'école et l'industrie est qu'à l'école le problème est unique, réel, clair et il n'y a qu'une solution à trouver. Dans l'industrie, le problème apparent n'est pas le bon, il faut le rechercher, le partager avec ses collègues ; ensuite, il est possible de rechercher des solutions, non pas une solution unique mais une infinité de solutions, les unes meilleures que les autres.

À quoi cela sert-il ?

On se servira de cette méthode pour mettre en place des plans d'action, structurés de la manière suivante, décrite dans la figure 9.

Cycle PDCA	QUOI attendus	QUAND date	QUI responsable	COMMENT tâches	POURQUOI à quoi ça sert ?
P					
D					
C					
A					

Figure 9 – Plan d'action

Ces trois dernières colonnes sont à relier au plan de convergence (chapitre 9) qui se représente sur une échelle de temps : représentation de la chaîne des résultats attendus en fonction des dates d'obtention pour faciliter le pilotage de la résolution du problème. Aux résultats attendus sont associés les acteurs en charge d'obtenir ces résultats (qui) et les dates d'obtention (quand).

NB : il est possible d'ajouter une colonne COMBIEN correspondant aux coûts de mise en œuvre des actions.

Exemple de démarche de résolution de problèmes

Cycle PDCA page 70		Actions COMMENT	Résultats attendus QUOI	Outils et méthodes utiles
Préparer « Plan »	1	Choisir le sujet	Le sujet est consensuel entre les acteurs du projet	*Brainstorming*
	2	Définir le problème	Nous savons où nous sommes et où nous voudrions être	5 pourquoi page 95
	3	S'assurer de la nécessité de traiter ce problème	L'enjeu de la résolution de ce problème pour l'entreprise et ses clients est chiffré et suffisamment important	QQOQCP page 94 et retour des projets précédents page 21
	4	Analyser les causes du problème	Les causes sont définies et hiérarchisées	Diagramme cause-effet page 84

Cycle PDCA		Actions COMMENT	Résultats attendus QUOI	Outils et méthodes utiles
Réaliser « Do »	5	Rechercher les solutions	Les résultats attendus qui supprimeraient les causes identifiées sont définis	Résultats ou livrables page 187
Vérifier « Check »	6	Assurer l'obtention des résultats attendus	Nous avons vérifié qu'avec tous les résultats obtenus le problème était bien résolu	Indicateur page 168 Les revues de projet page 166
Pérenniser « Act »	7	Assurer le non- renouvellement du problème Pérenniser Progresser	Les contrôles successifs montrent la robustesse de la solution Les futurs acteurs concernés sont informés et formés Des documents de retour d'expériences sont formalisés	Et si c'était à refaire ? page 47 et pages 146-149

Figure 10 – Démarche de résolution de problèmes

RÉALISER UN AUDIT

De quoi s'agit-il ?

L'audit est souvent réalisé suite à des dysfonctionnements. Il est souvent perçu comme un contrôle, un jugement. L'audit réalisé préventivement est une occasion privilégiée d'améliorer un processus, qu'il soit de conception et/ou industriel. L'audit d'un processus est à rapprocher de la méthode pour donner confiance (page 181). Les audits de conception et de process industriel aident à la validation d'un système et donnent un cadre aux rencontres indispensables entre les concepteurs et les industriels, car il ne peut y avoir validation sans donner l'assurance de savoir fabriquer conforme aux plans. Dans les grandes entreprises, le nombre d'audits à réaliser étant croissant, la tentation est grande de déléguer et de spécialiser des acteurs comme auditeurs. Si réaliser beaucoup d'audits améliore la méthodologie, cela ne peut en aucun cas remplacer l'œil de l'expert, qui saura plus facilement détecter le point délicat. Dans ce domaine, les délégations mal maîtrisées, *a priori* pour gagner du temps, se terminent en pertes de temps. Cette démarche s'applique aussi bien en interne d'une entreprise qu'avec les fournisseurs retenus et/ou à retenir éventuellement.

À quoi cela sert-il ?

Essentiellement, un audit doit conduire à un plan d'action précis de mise à niveau d'un processus. La logique à respecter pour la conception d'une pièce (explicitée page 192) démontre la nécessité d'audit d'un processus industriel préalablement à la conception d'un produit.

Une démarche PDCA (page 70) est indispensable pour bien organiser un audit.

- P pour préparer l'audit, à savoir le référentiel qui servira à auditer, pour préciser dans quel but ;
- D pour la mise en œuvre, pour faire le bilan et construire le plan d'action ;
- C pour s'assurer de la mise en œuvre du plan d'action ;
- A pour constater les effets positifs des décisions prises.

Trop souvent, beaucoup d'audits se limitent aux deux premiers critères et, des années plus tard, lors du constat d'un dysfonctionnement récurrent, on entend dire : « Je l'avais dit ! » Ce constat est permanent quand l'auditeur n'est pas expert du métier technique et qu'il est guidé par des tâches d'audit à faire et non par des résultats à obtenir (page 187).

L'utilité de la présence d'un expert se démontre facilement par sa connaissance des facteurs influents et en particulier celui du premier ordre. L'expert saura quelles questions poser et où aller voir les preuves de la prise en compte de ces facteurs influents.

La communication joue un rôle très important dans un audit. Citons quelques recommandations importantes :

- créer un climat d'écoute et de participation positive de tous les acteurs ;
- s'engager sur une démarche « gagnant-gagnant » ;
- l'audit ne peut conduire à un jugement mais à un plan d'action réalisé en commun ;
- les sanctions ne doivent jamais résulter d'un audit, quel que soit le constat négatif, mais bien sûr d'une absence d'application d'un plan d'action décidé en commun ;
- l'audit est le début d'une démarche de projet de mise à niveau pour atteindre des objectifs nouveaux ou mieux partagés ;
- l'auditeur doit montrer une image de facilitateur, exiger, chercher sans cesse des preuves, vérifier les cohérences à tous niveaux, démontrer certaines incohérences.

Le responsable de l'audit doit définir une équipe comme pour un projet. C'est un organisateur de démarche de progrès. La réalisation d'interviews individuelles peut se faire mais il faut impérativement, à un moment donné, une confrontation, comme dans la démarche de convergence, pour arriver au plan d'action partagé.

Exemples d'utilisation

Les audits se pratiquent à l'aide de référentiels, nécessaires mais insuffisants. Ces référentiels de questions à se poser sont une source de mémoire mais ne peuvent remplacer l'expertise, le doute, la recherche de confiance essentielle à l'assurance qualité recherchée. Ces démarches sont à privilégier sur les domaines critiques en interne et chez un partenaire fournisseur. On distinguera :

- *l'audit de conception* ;
- *l'audit de processus industriel* ;
- *l'audit financier* ;
- *l'audit d'évaluation* : il a des similitudes avec le *benchmarking* car il suppose un objectif, l'existence de cible ; pour le mettre en œuvre efficacement, un référentiel d'échanges est nécessaire.

Pour en savoir plus

Réussir l'audit qualité, Henri Mitonneau, Paris, Afnor, 1988.

DIAGNOSTIC

De quoi s'agit-il ?

Un projet est la résolution d'un problème complexe. Nous avons souvent l'habitude d'appeler problème une simple préoccupation. Un problème est bien formulé si nous connaissons les situations de départ, d'arrivée à savoir l'objectif et que l'écart entre ces deux situations correspond à un enjeu pour un client.

Très souvent l'utilisation des 5 pourquoi (page 95) ou QQOQCP (page 94) est suffisant pour bien définir en équipe le vrai problème. Mais assez souvent il faut une méthode plus élaborée particulièrement dans les organisations complexes. C'est la phase diagnostic préalable à la résolution des problèmes.

Pour établir un diagnostic il faut un but précis, c'est l'enjeu de l'entreprise par exemple augmenter la marge bénéficiaire, réduire les coûts, supprimer des doublons de tâches, etc.

Les diagnostics sont de types technologiques, commerciaux, industriels, financiers, ressources humaines, sur le management des innovations, les systèmes d'informations, etc.

À quoi cela sert-il ?

Le diagnostic va permettre de bâtir une stratégie plus cohérente. Il est fréquent de constater une précipitation dans l'action sans effectuer le moindre effort de comprendre la nécessité ou l'enjeu de ce sur quoi les acteurs s'engagent.

L'enjeu d'un projet est de trouver les réponses mais encore faut-il dès le début se poser les bonnes questions. Le diagnostic doit être une démarche collective effectuée avec méthode dans le cadre d'un enjeu partagé par tous. Chacun des acteurs concernés est persuadé de connaître la situation. Dès le début du travail de groupe il est évident que personne ne connaît la situation exacte en interne de l'entreprise et encore moins en externe.

Un diagnostic permet d'établir un état des lieux par rapport à une multitude de critères pertinents. Une synthèse de cette démarche collective est la base de départ pour construire sa propre stratégie. L'initiative de débuter une démarche de diagnostic est souvent considérée incongrue par de nombreux acteurs puis au fur et à mesure de l'avancement ils considèrent que nous aurions du l'initialiser plus tôt. En effet il ne faut pas confondre le savoir de tel ou tel acteur avec le savoir collectif de l'entreprise. Toutefois ce savoir collectif ne peut émerger que s'il est managé. Pour Michel Serres « l'honnête homme du XXIe siècle est celui qui jardine ses savoirs jusqu'à la clarté ». C'est la base de tout projet, de bien savoir où nous en sommes avant de construire le plan de progrès.

La mise en œuvre

L'essentiel est d'effectuer cette démarche **collectivement** par le maximum d'acteurs concernés. Pour de nombreuses questions les réponses existent mais ne sont connues que par un seul acteur, le fait de balayer un ensemble de questions et de construire ensemble la synthèse est fondamental pour évaluer nos compétences avant d'engager des actions de progrès. La richesse du groupe est rapidement remarquée et appréciée. De même les insuffisances partagées constituent les bases d'un plan d'action à construire.

Citons quelques questions à se poser :

- Quel objectif recherché par ce chantier de progrès ?
- Quelles sont les forces et les faiblesses puis les menaces et les opportunités ?
- Quels écarts de compétitivité avec les concurrents ?
- Quels sont les attentes des clients en terme de prestations, et de critères : qualité, coût et délai, diversité, financement, réputation ?
- Quels sont nos dysfonctionnements ?
- Nos réponses sont-elles cohérentes par rapport aux attentes clients ?
- Nos fournisseurs, quels sont leurs atouts/ problème posé ? ont-ils des innovations ? comment travaillons-nous avec eux ? leur tailles est-elle optimale ? le tissu fournisseurs ?
- Nos relations avec les banques, les pouvoirs publics, les normes sur tout le périmètre géographique concerné ?
- Nos dépenses de corrections d'incidents qualité, fréquence et types ?
- Existe-t-il un concurrent en perte de compétitivité, pourquoi ? un concurrent nouveau, pourquoi ?
- Existe-t-il des synergies par rapport à d'autres activités du groupe ?
- Aspects humains : compétences, communication, organisation du travail, aspects culturels ?
- *Benchmarking* à réaliser avec d'autres industries concurrentes ou pas ?

BENCHMARKING

De quoi s'agit-il ?

Le *benchmarking* est la comparaison par rapport d'autres entreprises concurrentes ou pas. Un préalable est souvent le diagnostic car on ne peut comparer que ce que l'on connaît déjà et à condition d'avoir à atteindre un objectif dont l'enjeu est capital pour l'entreprise, donc bien poser le problème.

Cela consiste aussi à identifier les bonnes pratiques à partir des informations disponibles dans la presse ou après analyse précise des produits concurrents.

Les bonnes pratiques peuvent également venir d'entreprises ayant à résoudre des problèmes semblables mais dans des domaines non concurrents par exemple lorsque l'automobile a recherché à appliquer le juste-à-temps elle s'est inspirée du secteur alimentaire en particulier la distribution de produit frais, déjà en avance sur ce sujet par obligation.

Cela consiste aussi à oser des rencontres avec des entreprises de tailles différentes (plus ou moins importantes).

Un préalable est d'identifier ce que l'on cherche avec précision tout en construisant avec l'autre entité un protocole d'échange où les deux parties ont à gagner.

Il ne faut pas confondre ces échanges avec un tourisme industriel. Une préparation préalable est nécessaire ainsi que la sélection des participants. Pour comprendre ce que l'on voit et ce que l'on entend il faut un bon niveau d'expertise.

Une fois les échanges effectués commence l'exploitation des résultats. C'est une phase délicate ou la copie intégrale est l'assurance de l'échec. Il faut au contraire construire un plan d'action pour intégrer au mieux les nouveaux acquis dans sa propre organisation.

À quoi cela sert-il ?

Les *benchmarkings* servent de références et d'enrichissements de nos compétences. Ils sont des préalables et des suites logiques de chantiers d'identification de nos compétences et de nos objectifs. La participation d'experts à des *benchmarkings* permet d'avoir « des yeux et des oreilles » en vue d'objectifs plus ou moins bien formulés.

Les *benchmarkings* sont des accélérateurs d'acquisition de compétences. Nombres d'entreprise en difficultés auraient pu les éviter par un *benchmarking* bien ciblé.

Par exemple il a été constaté qu'après un *benchmarking* bien ciblé le montant d'investissement d'une installation d'essais a put être divisé par 5. Puis par une acquisition rapide de compétences, liées à l'analyse des produits des meilleurs concurrents, sur ces nouvelles installations les acteurs concernés sont arrivés au niveau requis dans un délai très court.

En conclusion des gains de qualité, de coûts, de délai considérables et d'autant plus indispensables parce que toutes les entreprises performantes pratiquent cette technique. L'entreprise qui ne la pratique pas est condamnée à disparaître.

La mise en œuvre

Citons essentiellement les trois parties qui me semblent les plus essentielles :

Préparatifs

- ✔ Cibler le sujet à traiter avec ses enjeux.
- ✔ Se préparer par un diagnostic préalable tant interne qu'externe.
- ✔ Rechercher les partenaires à étudier.
- ✔ Négocier avec ces partenaires un échange équilibré.
- ✔ Préparer une liste de questions et les réponses aux questions posées.
- ✔ Identifier les acteurs qui doivent y participer vu leurs expertises et leur implication dans les décisions ultérieures (examiner la compétence complémentaire des langues).

Le benchmarking *proprement dit*

- ✔ Rechercher des visites sur le terrain.
- ✔ Valoriser l'autre il parlera d'autant plus facilement.
- ✔ Donner sans réserves vos réponses préparées.
- ✔ Essayer de comprendre comment ils réagissent à nos questions.
- ✔ Rechercher du concret, des repères, des faits marquants.

L'exploitation des acquis

Cette phase est la plus délicate : on a vu, on sait et cela nous suffit. Pourtant, il faut aller jusqu'au plan d'action de déploiement et de mise en œuvre des acquis qui ne sont à ce stade que des acquis intellectuels sans valeur ajoutée pour l'entreprise. C'est le risque majeur surtout avec une entreprise concurrente, que les acquis réels soient disproportionnés.

ANALYSE « SWOT » FORCES, FAIBLESSES, MENACES, OPPORTUNITÉS

De quoi s'agit-il ?

La démarche couramment appelée SWOT correspond à :

« **S**trengths, **W**eaknesses, **O**pportunities, **T**reats »

soit : Forces, Faiblesses, Opportunités, Menaces,

Les menaces constituent une forme complémentaire des risques lesquels sont trop souvent limités dans les analyses aux risques techniques.

Le but est d'identifier collectivement avec les différents acteurs du projet les points suivants cités à titre d'exemple :

- la position de la concurrence ;
- l'état de l'art ;
- la capacité à faire du *business* ;
- les niveaux qualité, coût et délai requis pour le projet ;
- le niveau de compétence disponible dans l'entreprise ;
- les compétences externes à exploiter ;
- les fournisseurs requis ;
- le marché ;
- les comportements et compétences des acteurs du projet à adapter à la situation ;
- le management requis, l'organisation, etc.

À quoi cela sert-il ?

Les analyses de *benchmarking* (page 62), de diagnostic préalable (page 60), les retours d'expériences des projets précédents, constituent les bases de cette synthèse à formaliser puis à exploiter collectivement pour construire le plan d'action.

Tous les items correspondants débattus en réunions peuvent figurer sur le schéma de la figure 11.

Pour en savoir plus

Voir le schéma plus complet de la construction d'un plan d'action convergent vers le livrable d'un projet, pages 187-188.

Externe

Menaces
-
-
-

Opportunités
-
-
-

Risques

Chances

Faiblesses
-
-
-

Forces
-
-
-

Interne

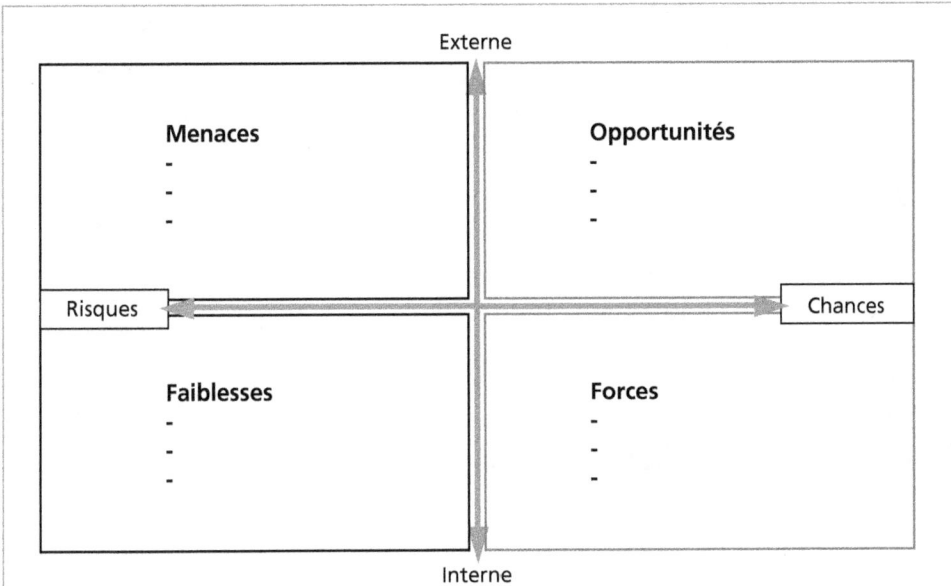

Le principe consiste à prendre chacun des items à la suite et à rechercher les résultats attendus sous la forme « Quoi, qui, quand » qui doivent garantir l'élimination d'un risque, la prise en compte d'une opportunité, etc.

Cette démarche permet l'obtention d'un plan d'action ou plan de convergence suivant l'image ci-dessous.

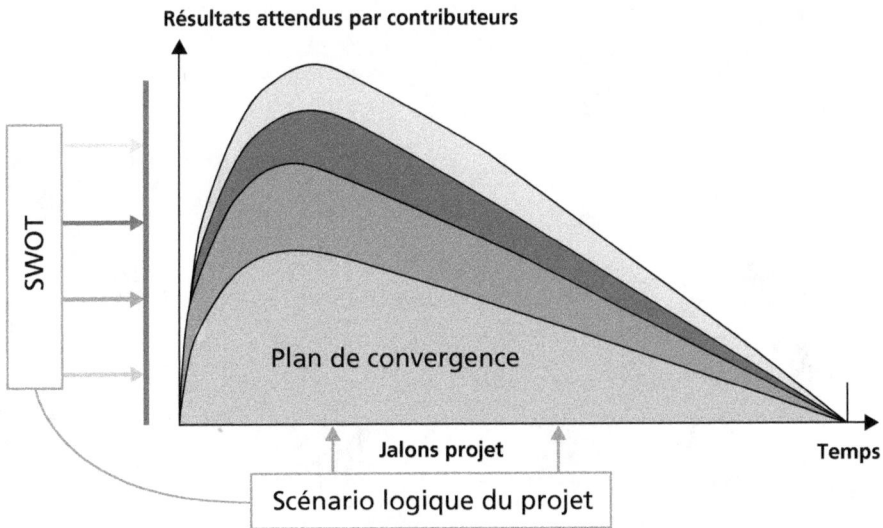

Résultats attendus par contributeurs

SWOT

Plan de convergence

Jalons projet

Temps

Scénario logique du projet

Figure 11 – Matrice SWOT et son exploitation

4

Les outils qualité

TRIANGLE QCD

De quoi s'agit-il ?

Les critères de fixation d'objectifs sont toujours de trois ordres, à savoir :

- *qualité* : description précise de nouveaux livrables en termes de prestations de produits, de qualité de ces produits pour l'usage des clients ;
- *coût* : par exemple, réduction de 30 % par rapport aux coûts antérieurs ;
- *délai* : par exemple, étudier un produit dans un temps réduit de 30 % par rapport aux habitudes.

Les trois critères de la qualité « totale » forment un triangle équilatéral : Q représente la qualité (qualité d'une prestation et sa fiabilité dans le temps) ; C représente le coût sous toutes ses formes : coût de conception d'un produit (appelé ticket d'entrée), coût de logistique, coût de commercialisation, prix de vente d'un produit, etc. D représente le respect des délais, délais de conception comme de livraison d'un produit à un client, etc. Un équilibre est ainsi à rechercher entre ces trois paramètres.

Inversement, une opposition entre ces 3 paramètres n'a pas de sens. Comme explicité dans l'ouvrage en référence, imaginons la satisfaction client représentée par un vase posé sur un tabouret à 3 pieds, Q, C et D, chacun des pieds est déterminant pour éviter la rupture du vase.

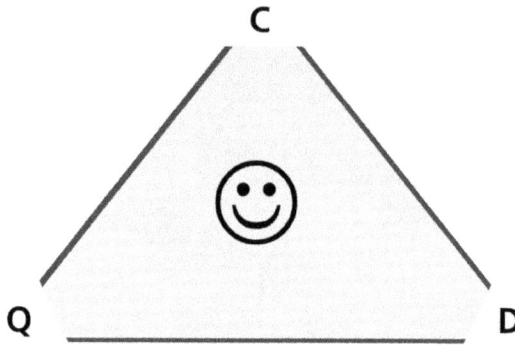

Figure 12 – Triangle QCD

À quoi cela sert-il ?

Toute performance industrielle se mesure par ces 3 paramètres. Sous ces trois critères, il faut définir les appellations exactes les plus pertinentes pour mettre en place des indicateurs ; ces indicateurs sont indispensables pour une visibilité partagée des acteurs d'un projet, à condition qu'ils soient mesurables sans ambiguïté (page 168).

Exemple d'une échelle de mérite ou démérite en qualité :

* 200 points : résultat attendu stratégique ou, en négatif, défaut inacceptable pour le client, tel qu'une panne qui interdit l'usage du produit ; par exemple, une voiture sans freins.
* 50 points : résultat attendu important ou en négatif, comme une prestation en panne mais on peut encore utiliser le produit dans son mode dégradé ; par exemple, une voiture sans climatiseur.
* 10 points : résultat attendu de moyenne importance ou en négatif, s'il s'agit de la dégradation moyenne d'une prestation ; par exemple, légère lenteur dans la remontée d'une glace latérale électrique d'une voiture.
* 3 points : résultat attendu de faible importance ou en négatif ; par exemple, une mauvaise tenue d'un tapis de coffre d'une voiture.

Exemples d'utilisation

On en donnera pour exemple l'indicateur de mérite du critère qualité en fonction des délais pour vérifier si les résultats obtenus arrivent bien suivant la trajectoire prévue.

Mérite qualité (cumul des points suivant l'échelle ci-dessus)

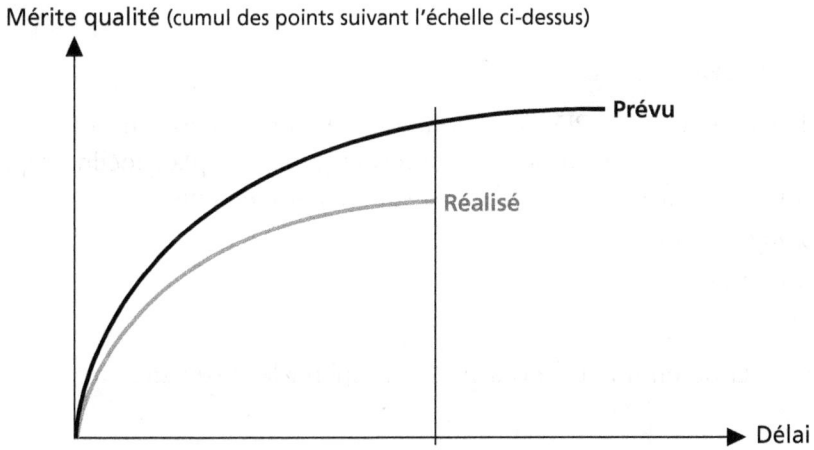

Figure 13 – Trajectoire qualité en fonction du délai

NB : Il est possible de construire ces courbes en démérite, au lieu de mérite afin de montrer la qualité d'un produit. Un graphique identique peut également être établi pour les coûts prévus par rapport aux coûts réalisés.

PDCA

De quoi s'agit-il ?

Cette démarche dite du PDCA ou roue de Deming (Américain qui a introduit la démarche qualité au Japon) est représentée par un plan incliné représentant le progrès, sur laquelle roule une sphère à 4 éléments :

- *P (plan)*, la prévision ;
- *D (do)*, l'action ;
- *C (check)*, la vérification ;
- *A (act)*, la pérennisation pour mieux préparer le P suivant, etc.

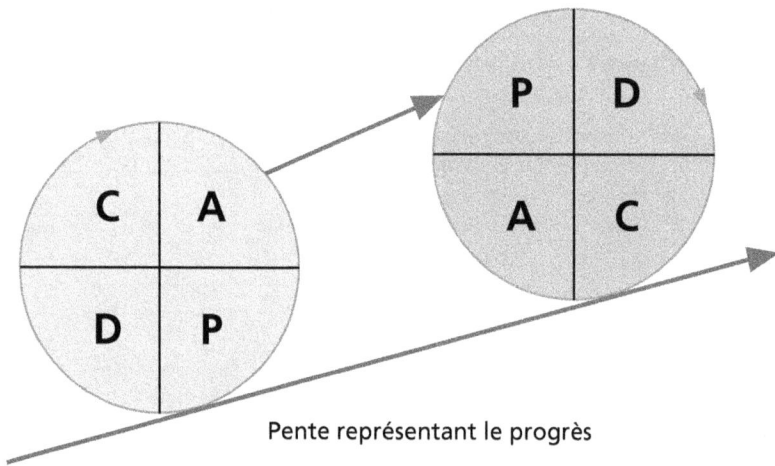

Pente représentant le progrès

Figure 14 – Le PDCA

À quoi cela sert-il ?

Cet outil sert à structurer une démarche de progrès ; elle évite d'oublier des étapes essentielles comme celle de préparer avant d'agir. La préparation est en effet essentielle et très liée à la phase de vérification : on ne pourra vérifier que par rapport à la préparation. Le PDCA est encore la base de la méthode de résolution de problèmes détaillée page 55.

Cet outil est fondamental pour maîtriser les changements dans nos organisations. Trivialement, on peut dire que P = dire ce que l'on va faire, D = faire ce que l'on a dit, C = vérifier que l'on a bien fait ce que l'on a dit, A = on en a tiré parti.

Exemple d'utilisation

On pourra par exemple s'en servir pour positionner les jalons d'un projet. C'est la base d'une logique de développement d'un projet, encore appelé « scénario logique de développement du projet » (suivant le schéma ci-après, explicité page 185).

La double flèche entre l'amont et la commercialisation montre la nécessité d'intégrer dans les études amont la capacité à « faire du business ». C'est bien un cercle mis à plat.

Au milieu, la bulle « investissements importants » indique le passage des études vers le passage industriel.

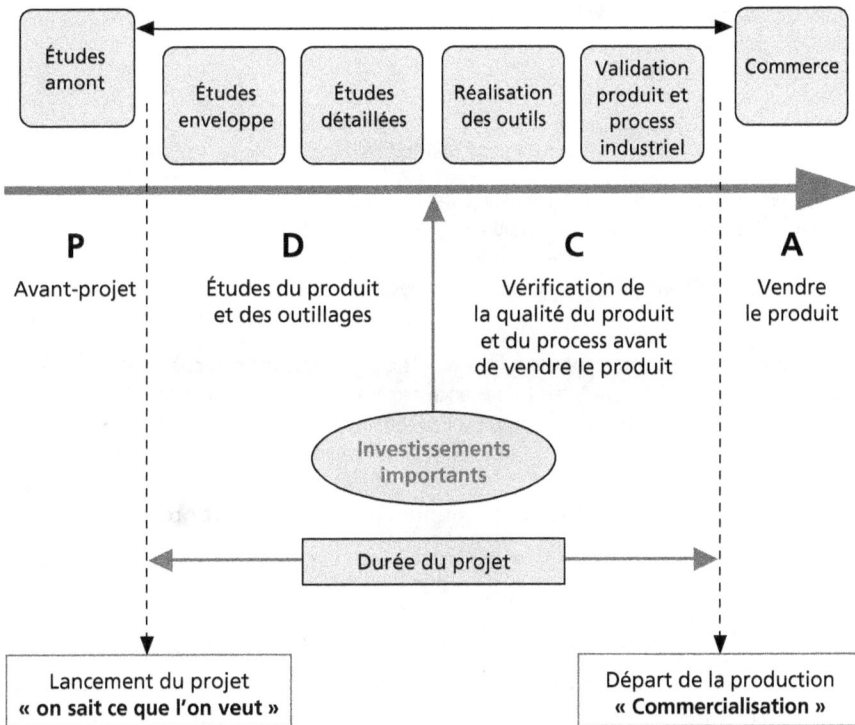

Figure 15 – Relation entre PDCA et logique de développement

PREMIER EXEMPLE D'UTILISATION DE L'OUTIL PDCA

Comment réaliser un support de communication sur un résultat stratégique obtenu ?

Bien utiliser la logique en PDCA avec des phrases courtes et très concrètes.

	Exemples de résultats attendus
P	• Donner un retour d'expérience (comment c'était avant ?) • Rappeler pourquoi ce résultat attendu est stratégique • Rappeler le contexte • • ……
D	• Expliquer la démarche suivie • Les difficultés rencontrées • Quel est le succès obtenu ? • ……
	Exemples de résultats attendus
C	• Comment avons-nous vérifié la qualité des résultats ? • Quels changements avons-nous obtenu ? • À quoi cela va servir pour l'enjeu cité ? • Quelle preuve avons-nous (une courbe, un dessin, une photo, etc) ? • ……
A	• Comment pérenniser, généraliser le résultat à d'autres situations comparables ? • Et si c'était à refaire quelle est l'expérience acquise ? • À quoi cela peut servir pour veux qui vous écoutent ? • ……

Figure 16 – Comment communiquer sur un résultat obtenu

Structurer le document à projeter de la façon suivante :

• **Un titre** : Pour préciser d'emblée le sujet traité.
  – **Une photo ou un dessin ou une courbe**, pour éviter un texte difficile à lire ou une explication longue. De plus vous éviterez ainsi de lire un texte, ce qui est toujours fastidieux.
  – **Ce qu'il faut retenir** : de manière très synthétique. Une phrase « chic et choc » bien mise en relief au bas du document.

En parallèle de la construction du support à projeter, décider de ce qui sera dit oralement. L'oral est complémentaire de l'écrit. Tout doit être communiqué dans l'ordre du PDCA sans jamais prononcer la méthode.

Le P de la logique PDCA vous permettra de partir de ce qui est connu par tous en le rappelant, en donnant le contexte, le but.

Le D et le C de cette logique vous permettront d'argumenter, de démontrer, de prouver.

Puis le A du PDCA précisera le message à passer. Ce qu'il faut retenir.

Dans certaines situations, il peut être avantageux de partir de ce que vous voulez acter et ensuite d'apporter la démonstration.

Savoir communiquer sur un résultat obtenu dans un projet est déjà un projet dans le projet, et la démarche certes plus courte est néanmoins identique. Votre livrable est de convaincre votre auditoire. Sans cette obsession votre projet est en difficulté.

Deuxième exemple d'utilisation de l'outil PDCA

Comment définir les missions cohérentes de deux entités ?

Contrairement aux habitudes il faut se mettre d'accord entre 2 entités pour définir l'interface relationnelle et seulement après, définir en détail les missions de chacune de ces équipes. La figure 17 de la page suivante en est une illustration. Sa construction doit obligatoirement se faire avec les deux équipes réunies. L'idéal est de définir les rôles de l'équipe A par l'équipe B et réciproquement et ensuite d'animer la convergence.

Enfin ultérieurement et en cohérence avec ce travail les équipes définiront leurs missions détaillées.

Les managers sont souvent la cause d'équipes qui ne s'entendent pas du fait qu'ils exigent des missions à partir de leurs ambitions personnelles. L'autoritarisme de certains chefs est rarement pour ne pas dire jamais compatible avec la nécessité de réussite collective, quand bien même ils s'en défendent.

Cette méthode est nécessairement à animer par un acteur neutre dont le seul but est d'arriver au consensus, sans doublons de tâches et surtout en recherchant une simplification globale accompagnée d'un succès garanti.

Il faut se méfier de missions d'équipes décidées unilatéralement, dans des textes trop complexes à retenir. Lorsqu'on analyse un dysfonctionnement relationnel entre deux équipes, à chaque fois il y a des doublons de tâches et jamais une complémentarité ou redondance claire. Le fait d'exiger des phrases courtes, ciblées, complémentaires avec tous les acteurs réunis. Si vous appliquez cette méthode vous serez surpris des incohérences, des incompréhensions, de la bonne volonté de tous, des compétences et de la fierté à s'organiser pour être plus efficaces ensemble.

	ÉQUIPE A	ÉQUIPE B
P	Participer à la construction des plans de convergence projet Développer les connaissances du domaine de compétence Anticiper les besoins et attentes de l'équipe B	Réaliser les plans de convergence projet avec tous État des lieux /concurrence Établir les cahiers des charges et procédures d'essais Proposer des solutions techniques chiffrées à retenir par rapport aux objectifs Qualité Coût Délai
D	Apporter son expertise pour répondre aux attendus du projet piloté par l'équipe B	Piloter le projet Respect des cibles Qualité Coût Délai en liaison avec les directions de projet.
C	Maîtriser les aléas par expertise	Assurer le respect des résultats attendus du plan de convergence et de la résolution des aléas
A	Certifier les produits, pièces, fournisseurs, conformes Formalisation et traçabilité des résultats	Enrichir les CdC procédures et règles de conception à partir de l'expérience

Figure 17 – Outil PDCA pour construire la cohérence des missions entre 2 entités

ANALYSE FONCTIONNELLE EXTERNE

De quoi s'agit-il ?

Il s'agit d'une démarche pour identifier les besoins des clients. Cette méthode a été mise au point par L. D. Miles aux États-Unis vers 1950. Pour un produit, un procédé de fabrication ou une organisation, il faut savoir répondre à des questions simples et fondamentales :

- À quoi ça sert pour les clients ?
- Pourquoi le client a-t-il ce besoin ?
- À qui cela rend-il service ?
- Sur quel processus et sur qui cela agit-il ?
- Quelles sont les fonctions principales du produit ?
- Comment caractériser les besoins du client, les valoriser et les hiérarchiser en poids relatif ?
- Quels sont les buts ?
- Quels sont les risques d'évolutions ou de disparitions du besoin ?

Autrement dit, quels sont, en termes de fonctionnalités et finalités, les besoins du client, sans faire aucune référence aux possibilités d'obtenir les solutions techniques correspondantes, question qui est un bon *moteur pour les innovations*.

À quoi cela sert-il ?

L'analyse fonctionnelle externe se construit en équipes pluridisciplinaires et sert à préciser tous les besoins du client au cours du cycle de vie complet du produit : conception, fabrication, commercialisation, usage client, recyclage. Quel poids veut-on mettre pour engendrer un motif d'achat comme un stylo : excellente qualité d'écriture pour le prix le plus bas ou pour un maximum de valorisation pour le client, avec l'utilisation de nacre et d'or ? Comment fabrique-t-on cet objet, en cohérence avec les attentes client y compris le coût ?

La démarche consistera donc à :

- identifier les fonctions (fonctions d'adaptation, fonction contrainte comme une norme ou une limite de prix de vente, fonction d'estime pour enchanter le client, fonction d'usage, pour fidéliser le client) ;
- repérer toutes les phases de vie du produit étudié ;
- définir les critères d'appréciation des fonctions par phase de vie du produit selon des critères de valeur, des niveaux d'acceptation par le client (tolérance, flexibilité d'acceptation par le client) ;

- repérer les fonctions les plus innovantes souvent constituées par les exigences environnementales – et les cas limites – comme les enfants, les personnes âgées ou les handicapés.

Exemples

Représentation « en pieuvre » de l'analyse fonctionnelle

Il s'agit d'identifier les fonctions en pensant aux fonctions d'usage, d'adaptation et d'estime ainsi qu'aux contraintes.

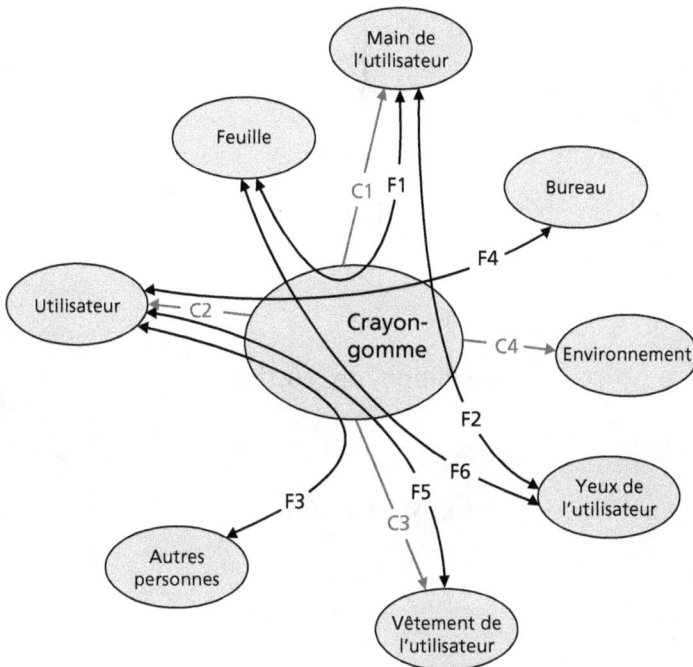

Description des fonctions

F1 : permet de laisser une trace visible et régulière sur une feuille
F2 : permet d'effacer la trace laissée sur une feuille
F3 : permet de constituer un motif d'achat et un signe social par son esthétique
F4 : permet de le prendre facilement sur le bureau
F5 : permet un accrochage et décrochage facile dans une poche
F6 : permet d'adapter la gomme à la trace laissée par le crayon sur une feuille

Description des contraintes

C1 : ergonomie adaptée à la main d'un enfant de 3 ans et/ou d'une personne âgée
C2 : rechargeable et d'une durée d'utilisation suffisante
C3 : ne pas tacher ou dégrader les vêtements une fois accroché dans la poche
C4 : utiliser des matières recyclables

Figure 18 – Exemple d'analyse fonctionnelle d'un crayon-gomme

Représentation « en bête à corne » de l'analyse fonctionnelle

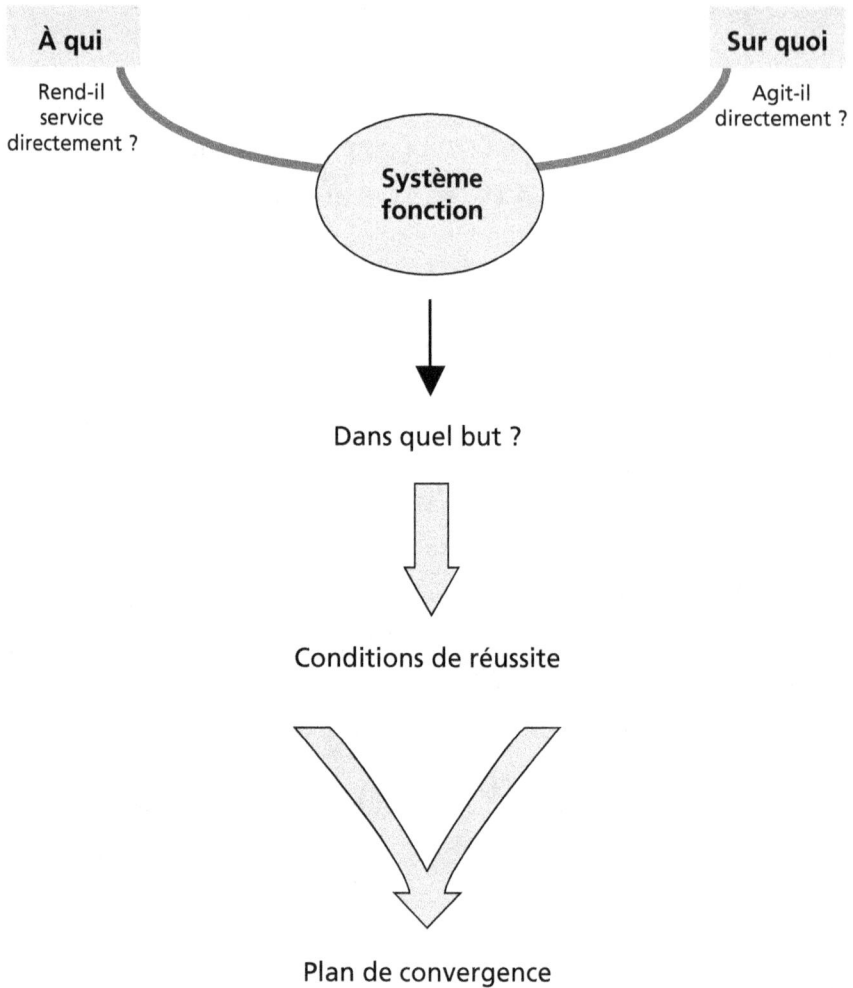

À qui

Rend-il
service
directement ?

Sur quoi

Agit-il
directement ?

Système fonction

Dans quel but ?

Conditions de réussite

Plan de convergence

Visualisation de la chaîne des conditions de réussite affectées par contributeurs
et positionnées aux dates requises pour faciliter le pilotage

Figure 19 – Représentation « en bête à corne » de l'analyse fonctionnelle

Éléments à intégrer pour faciliter la conception du produit

La conception d'un produit est facilitée par l'expression des critères à prendre
en compte. Ils résultent de croisements entre les fonctions, contraintes ou
buts par rapport au cycle de vie (*cf.* figure 20).

Pour chaque croisement fonction, contrainte ou but par rapport au cycle de vie, il existe des critères à expliciter.

Cycle de vie / BUTS	La conception du produit	La conception du process	La fabrication du produit	La vente du produit	L'usage client	La réparation du produit	Le recyclage
1	C1	C4	C7	C10	C13	C16	C19
2	C2	C5	C8	C11	C14	C17	C20
3 etc.	C3	C6	C9	C12	C15	C18	C21

Figure 20 – Traduction des fonctions en critères d'exigences client

Le *cahier des charges fonctionnel* est la somme de ces critères avec des tolérances ou flexibilité de l'acceptation par le client.

Chacun des critères Cx peut être transformé en résultat attendu correspondant que nous appellerons C'x, auquel il convient d'ajouter les dates d'obtention et les contributeurs pour les positionner ensuite sur l'échelle de temps du projet (comme représenté en figure 21). C'est une partie du plan de convergence explicité dans tout le chapitre 9.

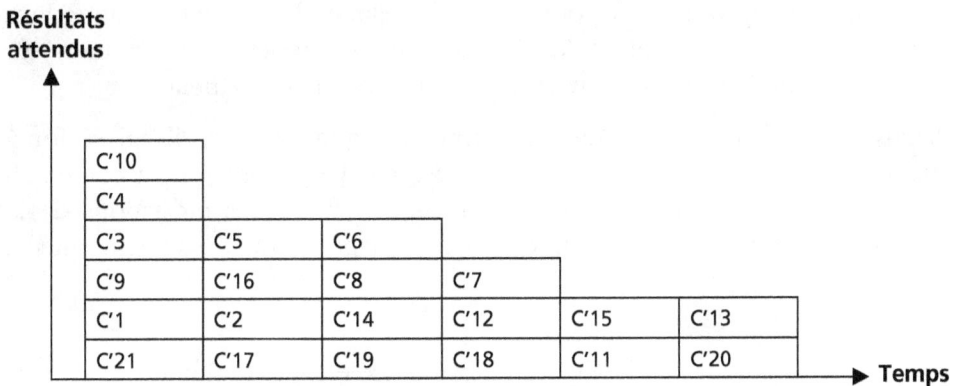

Résultats attendus

C'10					
C'4					
C'3	C'5	C'6			
C'9	C'16	C'8	C'7		
C'1	C'2	C'14	C'12	C'15	C'13
C'21	C'17	C'19	C'18	C'11	C'20

Temps

Figure 21 – Lien plan de convergence et analyse fonctionnelle

ANALYSE FONCTIONNELLE INTERNE OU TECHNIQUE

De quoi s'agit-il ?

Cette démarche est complémentaire de l'analyse fonctionnelle externe. Elle consiste à identifier chacun des composants et équipements nécessaires au bon fonctionnement du produit. Cette approche va aider le concepteur à améliorer la robustesse de son étude, depuis le cahier des charges fonctionnel externe jusqu'au plan de surveillance en usine, lequel confirmera la qualité de l'étude produit et process réalisée ou l'infirmera.

Le concepteur conçoit initialement des solutions techniques respectant toutes les exigences du cahier des charges fonctionnel, puis il exploite les retours d'expériences et l'analyse fonctionnelle interne pour rendre cohérentes ses solutions techniques avec les conditions fonctionnelles ; autrement dit, « pour que ça fonctionne ». En effet, assurer le bon fonctionnement des systèmes fabriqués en grande série passe par la maîtrise des jeux ; par exemple, pour garantir le bon fonctionnement d'un moteur ou le bel aspect d'une carrosserie ou des limites d'efforts à ne pas dépasser pour un levier, etc.

Le concepteur doit intégrer quatre données essentielles :

- les conditions fonctionnelles correspondant aux attentes des clients ;
- l'aptitude industrielle à produire en termes de limites acceptables de tolérances et de dispersions ;
- les objectifs de coûts à respecter, très liés aux tolérances ;
- les validations à effectuer pour vérifier le respect des prestations attendues par les clients figurant au cahier des charges fonctionnel, et bien sûr jusqu'aux limites des tolérances et des dispersions industrielles.

L'analyse fonctionnelle externe correspond au premier point, l'analyse fonctionnelle interne ou technique se caractérise par l'excellence de la combinaison de ces quatre points. Le schéma de déploiement des prestations de la page 96 illustre le positionnement de ces deux aspects d'analyse fonctionnelle.

À quoi cela sert-il ?

Le schéma de la figure 22 montre la convergence en conception de ces quatre données à prendre en compte, dès le départ.

Les chaînes de cotes fonctionnelles représentées sur les dessins de conception des pièces et des systèmes sont nécessaires pour confirmer l'aptitude :

- à assurer les prestations client attendues ;

- des moyens industriels à fabriquer les pièces en respectant les tolérances et dispersions aux cadences exigées ;
- à contrôler après hiérarchisation les cotes fonctionnelles les plus importantes pour surveiller la régularité de la fabrication.

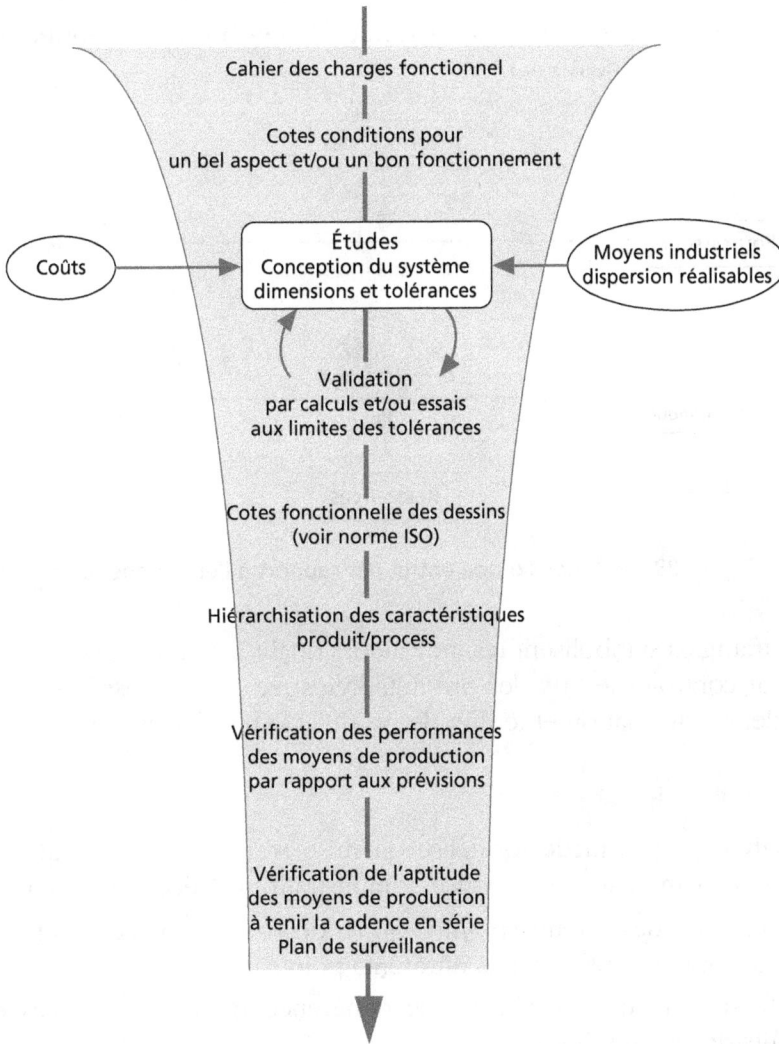

Cahier des charges fonctionnel

Cotes conditions pour
un bel aspect et/ou un bon fonctionnement

Coûts

Études
Conception du système
dimensions et tolérances

Moyens industriels
dispersion réalisables

Validation
par calculs et/ou essais
aux limites des tolérances

Cotes fonctionnelle des dessins
(voir norme ISO)

Hiérarchisation des caractéristiques
produit/process

Vérification des performances
des moyens de production
par rapport aux prévisions

Vérification de l'aptitude
des moyens de production
à tenir la cadence en série
Plan de surveillance

Figure 22 – Analyse fonctionnelle interne ou technique au service du concepteur

RELATIONS D'UNE ENTITÉ PAR RAPPORT AU MILIEU ENVIRONNANT

De quoi s'agit-il ?

C'est une analyse fonctionnelle d'une entité, par exemple, une entreprise complète, une direction, un service de cette direction, un projet, etc.

Les relations se représentent sous la forme d'une « boîte » à 4 entrées-sorties suivant le schéma ci-dessous :

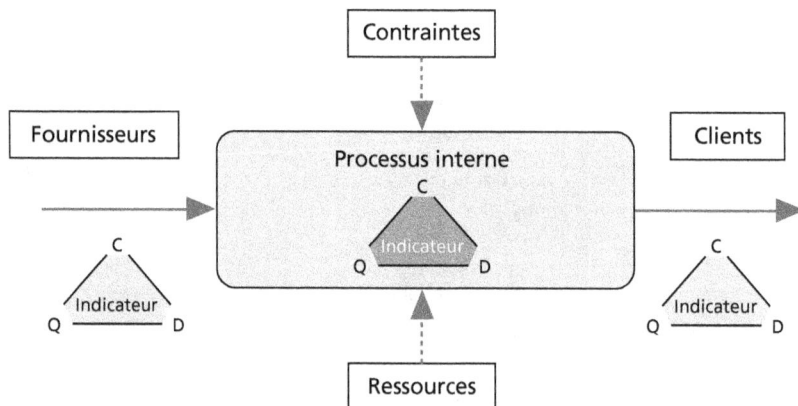

Figure 23 – Relations d'une entité par rapport à l'environnement

Les trois triangles symbolisent les indicateurs qualité, coût et délai à mettre en place pour contrôler le flux des produits livrés par les fournisseurs, la valeur ajoutée de transformation et le flux de produits livrés aux clients.

À quoi cela sert-il ?

Cette analyse permettra de formaliser la mise sous assurance qualité d'une entité donnée (une usine, un service administratif, une école, etc.) par :

- l'identification des acteurs (point toujours délicat et moins évident qu'il n'y paraît avant confrontation des différents points de vue) ;
- la définition avec le maximum de cohérence possible des rôles et des objectifs de chacun des acteurs ;
- le déploiement de ces rôles et objectifs à partir de l'entité complète jusqu'aux différentes entités constituantes ;
- l'identification des critères de performances liés aux attentes des clients ;
- l'identification des valeurs ajoutées des fournisseurs, des acteurs du processus interne en cohérence avec les critères retenus ;
- l'usage d'indicateurs pertinents pour le pilotage de la performance.

Exemples d'utilisation

La figure 23 montre la nécessité d'identifier les acteurs lors d'une mise sous assurance qualité par analyse fonctionnelle d'un service, d'une direction, d'une entreprise, d'un atelier, de toute organisation humaine recherchant une valeur ajoutée précise.

La figure 24 montre les pourcentages de valeur ajoutée (VA) par les différents acteurs. Par exemple, dans l'automobile, 80 % de la valeur ajoutée vient des fournisseurs et 20 %, du processus interne. Il est donc évident que cette entité doit, pour être sous assurance qualité, s'assurer de la mise sous assurance qualité de ses fournisseurs.

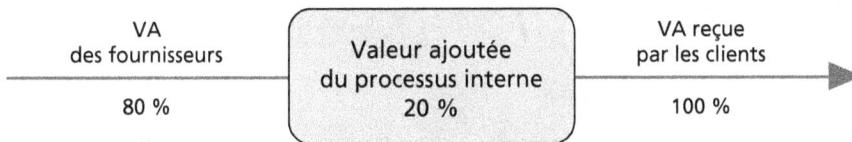

Figure 24 – Différentes valeurs ajoutées d'un flux industriel

Cette approche fonctionnelle d'une entité peut également être utile à la vérification de la performance d'une innovation par :

- la valeur ajoutée supplémentaire pour le client en termes de :
  - faciliter l'acte de vente ;
  - lui donner des prestations nouvelles intéressantes, etc.
- l'influence sur le process interne à travers :
  - le temps de mise en œuvre ;
  - les surfaces ;
  - la simplification du montage ;
  - la qualification du personnel, etc. ;
- l'influence sur le process des fournisseurs pour les mêmes facteurs ;
- l'influence des contraintes sur :
  - les matériaux plus faciles à recycler ;
  - les normes respectées, etc. ;
- l'influence des ressources.

DIAGRAMME « CAUSE-EFFET »

De quoi s'agit-il ?

Le diagramme cause-effet est une démarche pour identifier et classer par domaine et sous-domaine toutes les causes d'un effet constaté ; on l'appelle aussi diagramme d'Ishikawa, du nom de son inventeur.

Ce diagramme construit avec précision pour chaque cause bien quantifiée, le choix des actions pertinentes à mener sera d'autant plus facile.

Cette approche est recommandée quand il faut :

- identifier les causes ;
- hiérarchiser les causes principales et les actions à mener.

La démarche consiste à :

- identifier et chiffrer l'effet ;
- générer les causes par un travail de groupe avec la méthode du *brainstorming* ;
- classer les causes par familles en utilisant la règle du 5M (main-d'œuvre, matériel,…).

Les 5 branches sont :

- la *main-d'œuvre* (les acteurs, leurs comportements, leurs compétences…) ;
- le *milieu* (l'environnement, les contraintes, les exigences, le pays et ses lois, le climat, etc.) ;
- la *méthode* (méthode de travail) ;
- la *matière* (qualité, provenance, stockage, etc.) ;
- le *matériel* (qualité du matériel, la maintenance, etc.).

Chacune des causes raccordées aux cinq branches et l'effet global sont à chiffrer pour permettre une hiérarchisation par un diagramme de Pareto : celui-ci aidera alors à trouver les solutions pour éliminer ces causes, en fonction des priorités.

Les 5 branches ne sont pas systématiques, elles dépendent du problème rencontré.

Décrire l'effet n'est pas immédiat et facile, il faut rechercher un libellé précis, concis, chiffré.

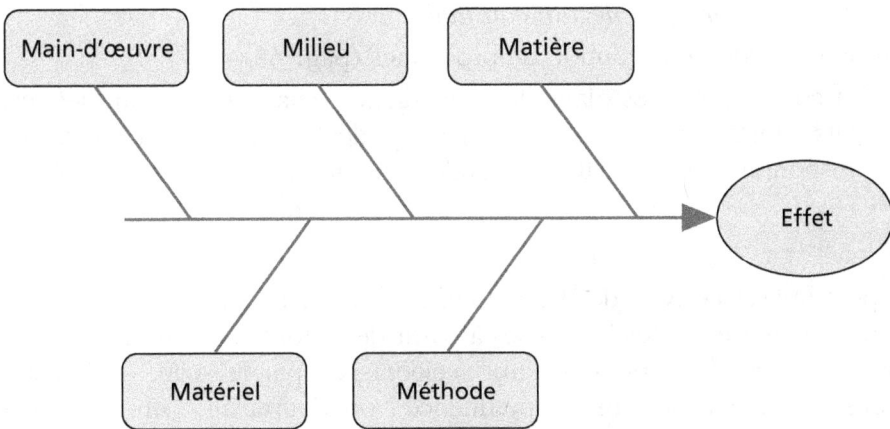

Figure 25 – Diagramme « cause-effet »

À quoi cela sert-il ?

L'effet est un constat négatif. Les causes sont les éléments qui concourent à ce constat négatif.

Il est possible, après avoir identifié et hiérarchisé toutes les causes, de les classer sur un graphique gravité en fonction de la probabilité plus ou moins grande d'apparition (*cf.* figure 38 page 111). Ce graphique aidera à sélectionner en priorité les causes les plus graves et d'une grande probabilité d'apparition. Il faut être le plus précis possible dans les libellés de causes. Par exemple, expliciter une cause « prestations non respectées », cela ne veut rien dire ; il faut être plus précis et dire de quelle prestation il s'agit et quel est l'écart entre ce qui est constaté et ce qui est recherché, ou le risque, l'inquiétude ou la préoccupation d'avoir à constater autre chose par la suite.

C'est une aide pour bâtir un plan d'action cohérent et hiérarchisé avec l'adhésion de tous les acteurs concernés.

Cet outil est très lié à d'autres outils :

- *Pour la recherche des causes* :
    - la méthode QQOQCP + combien (page 94) ;
    - les 5 pourquoi (page 95) ;
    - la méthode d'affinités (page 140).

- *Pour supprimer l'effet négatif constaté* :
  - la méthode de résolution de problèmes (page 55) ;
  - la construction des plans de convergence (chapitre 9) reliant les résultats attendus pour supprimer chacune des causes en leur affectant un responsable et une date d'obtention cohérente avec l'objectif global.

Exemples d'utilisation

On peut utiliser ce type de diagramme pour les accidents de la route : cela permet de chiffrer toutes les causes à partir des informations données par les rapports de gendarmerie suite aux accidents et, par la suite, de cibler les actions à mener avec plus de pertinence ; on pourra ainsi en mesurer les effets et en déduire des ratios coût/efficacité.

Dans les services aux clients il est possible d'identifier sur un tel diagramme les attentes des clients pour assurer la qualité de ces services. Par retour d'expériences positives et négatives, ce diagramme s'enrichira régulièrement et en cas de dysfonctionnement l'attente non satisfaite est repérée.

Un règlement impose de vendre les automobiles en affichant les niveaux de consommation. Ces niveaux sont mesurés sur des prototypes présentés aux organismes officiels, qui contrôlent ces véhicules en respectant une procédure précise. Cette procédure impose un circuit urbain, un roulage à 90 km/h et un roulage à 120 km/h. Tout constructeur s'engage à respecter en série, avec une tolérance de + ou − 5 % par rapport aux chiffres annoncés. Cependant, les clients constatent parfois une plus grande dispersion. Le diagramme « cause-effet » de la figure 26, page suivante montre les différentes causes des écarts constatés par les automobilistes.

© Groupe Eyrolles

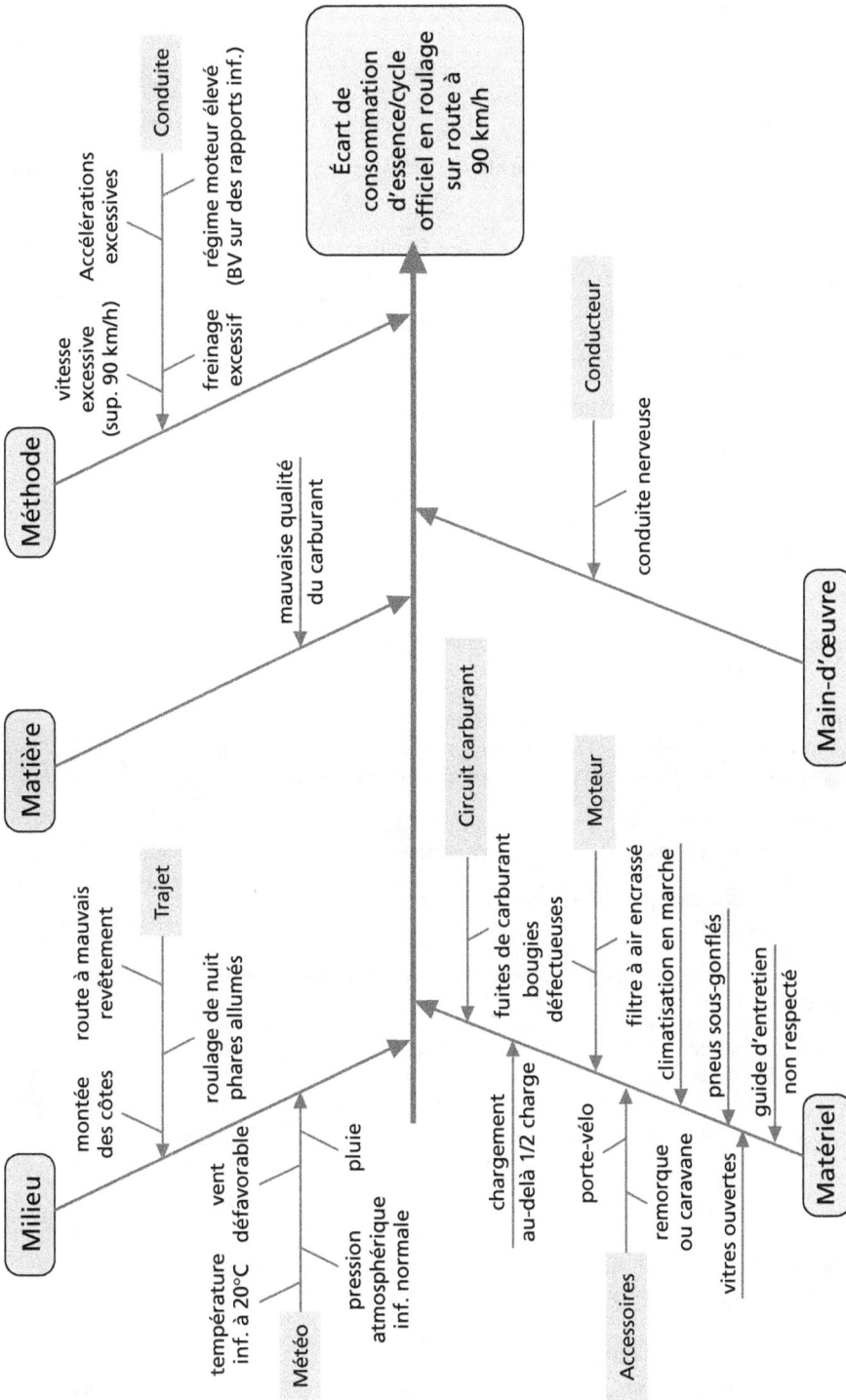

Figure 26 – Exemple de diagramme « cause-effet »

PRESTATIONS CLIENT, DIAGRAMME EN V

Prestations client : de quoi s'agit-il ?

Pour concevoir un système donnant satisfaction aux clients, il faut :

- *identifier les attentes des clients* par des enquêtes marketing : c'est « ce que veut le client » ;
- *construire un référentiel client* : c'est « ce que nous voulons pour satisfaire au mieux le client » ; dans cette étape, les innovations seront précisées ;
- *rédiger le cahier des charges fonctionnel* : c'est définir « ce que nous allons précisément réaliser ».

La figure 27 ci-dessous, explicite les contenus de ces documents.

1	Liste des attentes client	
2	Liste des services à rendre aux clients par le système en cours de conception : les prestations	Référentiel client
	Pondérer l'importance de ces prestations en fonction des attentes client (1 à 5)	
	Hiérarchiser ces prestations en « dus » (*cf.* cahier des charges) ou « plus » innovants	
	Positionner en relatif ces prestations recherchées par rapport à des références comme celles constatées sur les produits concurrents et en cohérence avec la politique technique et le positionnement recherché sur le marché	
3	Lister les critères à respecter par le système à étudier issus du croisement des fonctions et contraintes et buts avec le cycle de vie du système (page 77)	Cahier des charges fonctionnel
	Vérifier que ces critères sont cohérents avec les prestations issues du référentiel client	
	Fixer des objectifs précis de performance recherchée par prestation (niveaux d'acceptation)	
	Préciser quelles sont les procédures nécessaires pour vérifier que les niveaux d'acceptation sont respectés	

Figure 27 – Référentiel client et cahier des charges fonctionnel

Remarques importantes

Le risque existe d'avoir des *prestations antagonistes* qui nécessiteront des compromis subtils dans l'intérêt du client.

De bons cahiers des charges tiennent compte de la nécessité de pouvoir assurer la mise au point finale d'un système dans les meilleures conditions de délai et de coût. Pour cela, il faut *des réglages* prévus à l'avance, dont les spécifications évitent la remise en cause des pièces importantes déjà réalisées.

Diagramme en V : de quoi s'agit-il ?

Le cahier des charges fonctionnel du système doit se décliner en cahiers des charges techniques, c'est-à-dire avec des critères physiques très concrets chiffrés et mesurables suivant des procédures bien définies afin d'en vérifier l'application. Cette déclinaison se fait des systèmes vers les sous-systèmes et ceci jusqu'aux pièces élémentaires.

Ces déclinaisons de cahiers des charges et les validations correspondantes se représentent sur *un diagramme en V.* C'est une méthode très structurante pour comprendre les démarches de validation d'un produit (pages 91-92), d'un process industriel (page 93) ou d'un service.

Décrivons plus précisément ce diagramme pour un produit :

- *Sur la branche descendante du V,* le point de départ est le référentiel client, puis le cahier des charges fonctionnel jusqu'aux cahiers des charges techniques des pièces et des interfaces, comme les fixations entre deux pièces. Dans la conception d'un système, le choix d'interfaces judicieux est un préalable nécessaire à une bonne conception.
- *Sur la branche remontante du V* sont décrites toutes les étapes de la validation des pièces puis des sous-systèmes puis du système complet.

Ce diagramme en V simple pour être pédagogique ne doit pas faire croire que la validation consiste à mettre uniquement en relation les cahiers des charges et les essais correspondants pour vérifier l'obtention de ces prestations.

Il faut y ajouter cette liste non exhaustive de questions à se poser :

- Le périmètre d'un système est-il bien précisé ?
- Quels sont les facteurs principaux influant sur la prestation ?
- Quel est le facteur du premier ordre ?
- Avons-nous repéré et géré les prestations antagonistes ?
- Suite à l'analyse fonctionnelle interne ou technique, avons-nous identifié les limites des tolérances industrielles (page 80) ?
- Les réglages utiles aux mises au point sont-ils intégrés dès la conception ?
- Les risques sont-ils intégrés dans les validations (chapitre 5) ?
- Avons-nous intégré l'écoute des acteurs projet (page 178) ?

Toutes ces conditions de réussite sont pilotées en mode projet avec d'autant plus de maîtrise que l'on utilise la démarche de convergence (chapitre 9), laquelle permet au chef de projet de visualiser l'ensemble des résultats attendus provenant des différents contributeurs, donc de mieux piloter le projet.

REPRÉSENTATION DU DIAGRAMME EN V D'UN PRODUIT

La branche descendante représente les cahiers des charges (CDC) pour définir les exigences du client jusqu'à l'interprétation technique ; la branche remontante représente les validations.

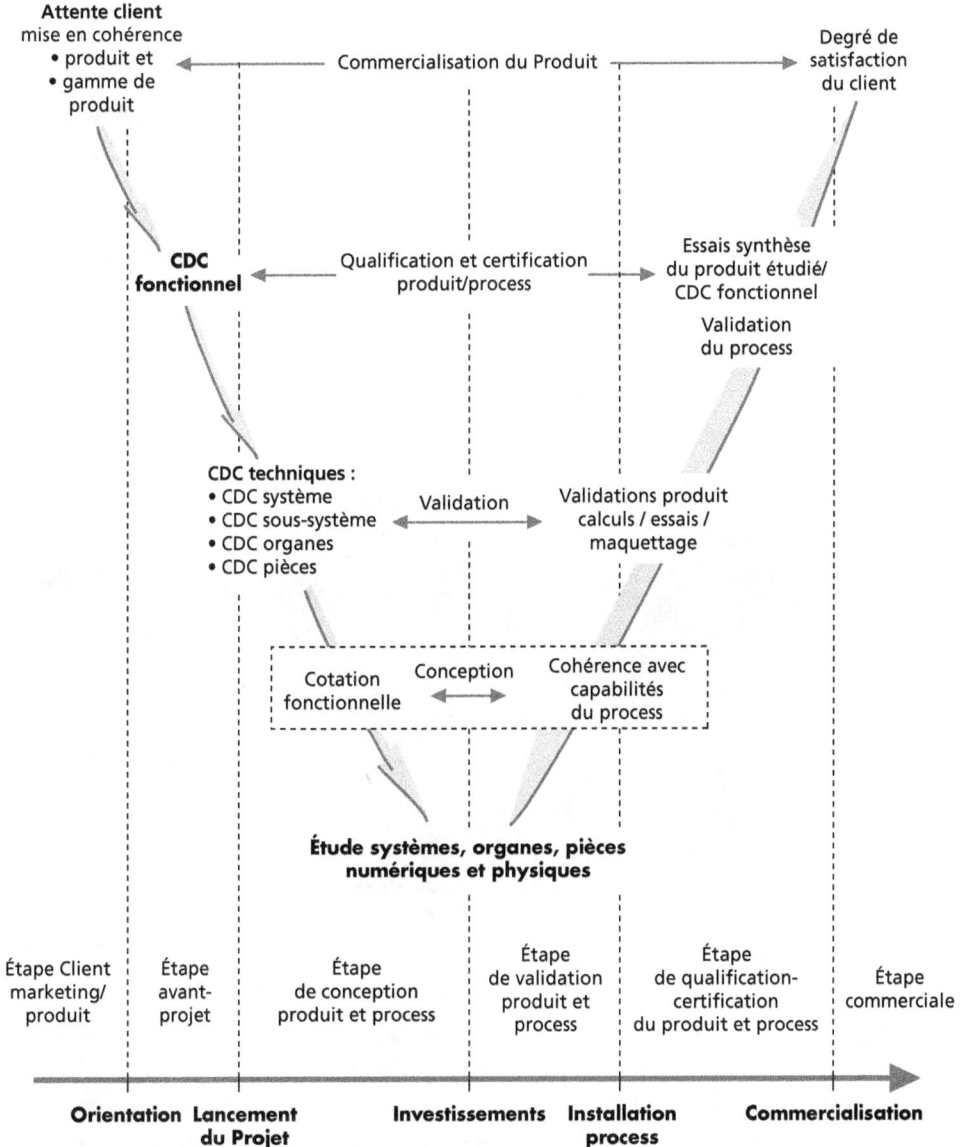

Figure 28 – Diagramme en V pour la conception d'un produit

DIAGRAMME EN V ET ANALYSE FONCTIONNELLE D'UN PRODUIT

Comme le montrent les zones ombrées, l'analyse fonctionnelle est une démarche essentielle pour traduire les attentes client exprimées dans un référentiel (en référence à des produits connus) en termes techniques exploitables par l'ingénieur. La satisfaction en termes de prestations du produit est exprimée dans l'analyse fonctionnelle externe, alors que la maîtrise qualité, fiabilité et coût est étroitement liée à l'analyse fonctionnelle interne ou technique.

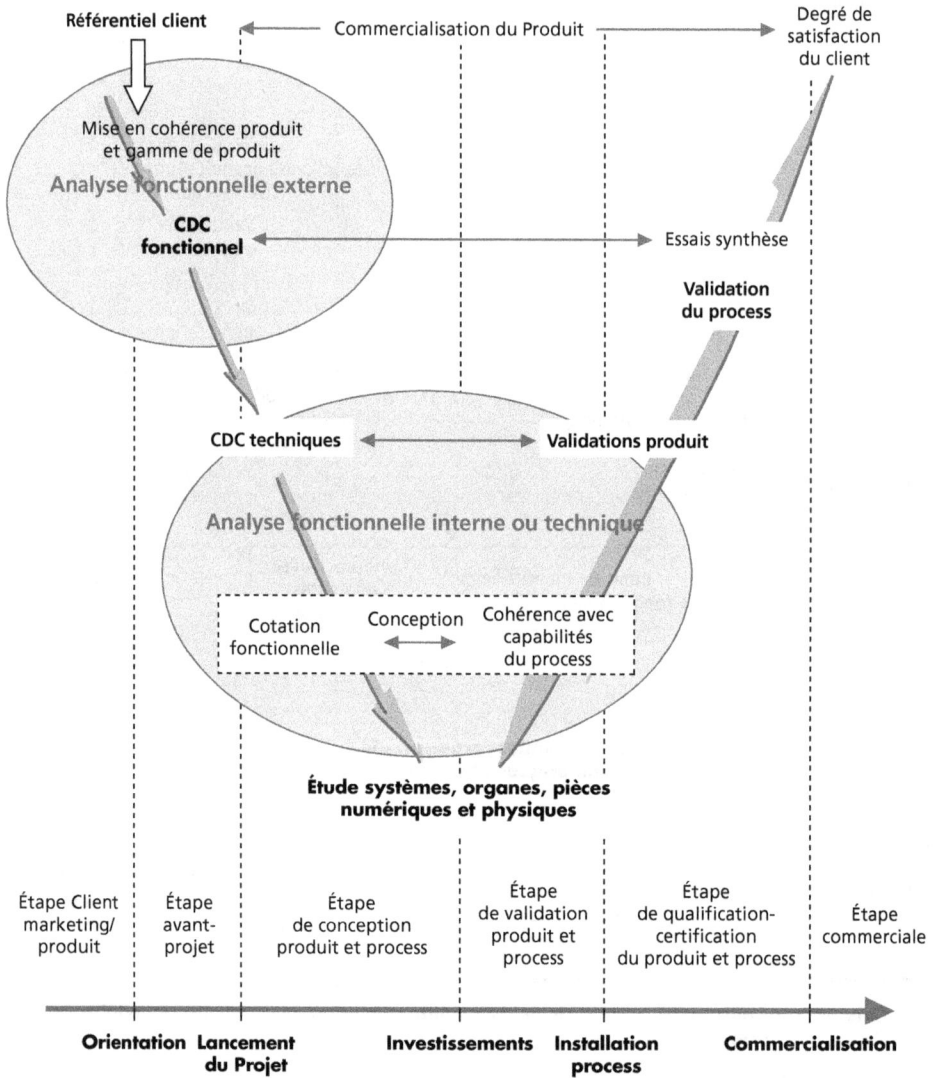

Figure 29 – Analyse fonctionnelle et diagramme en V d'un produit

Représentation du diagramme en V d'un process industriel

Pour un process industriel, par rapport au produit seul, les terminologies changent, ainsi que le contexte qui se caractérise par des professionnels au service d'autres professionnels dans une relation de partenariat.

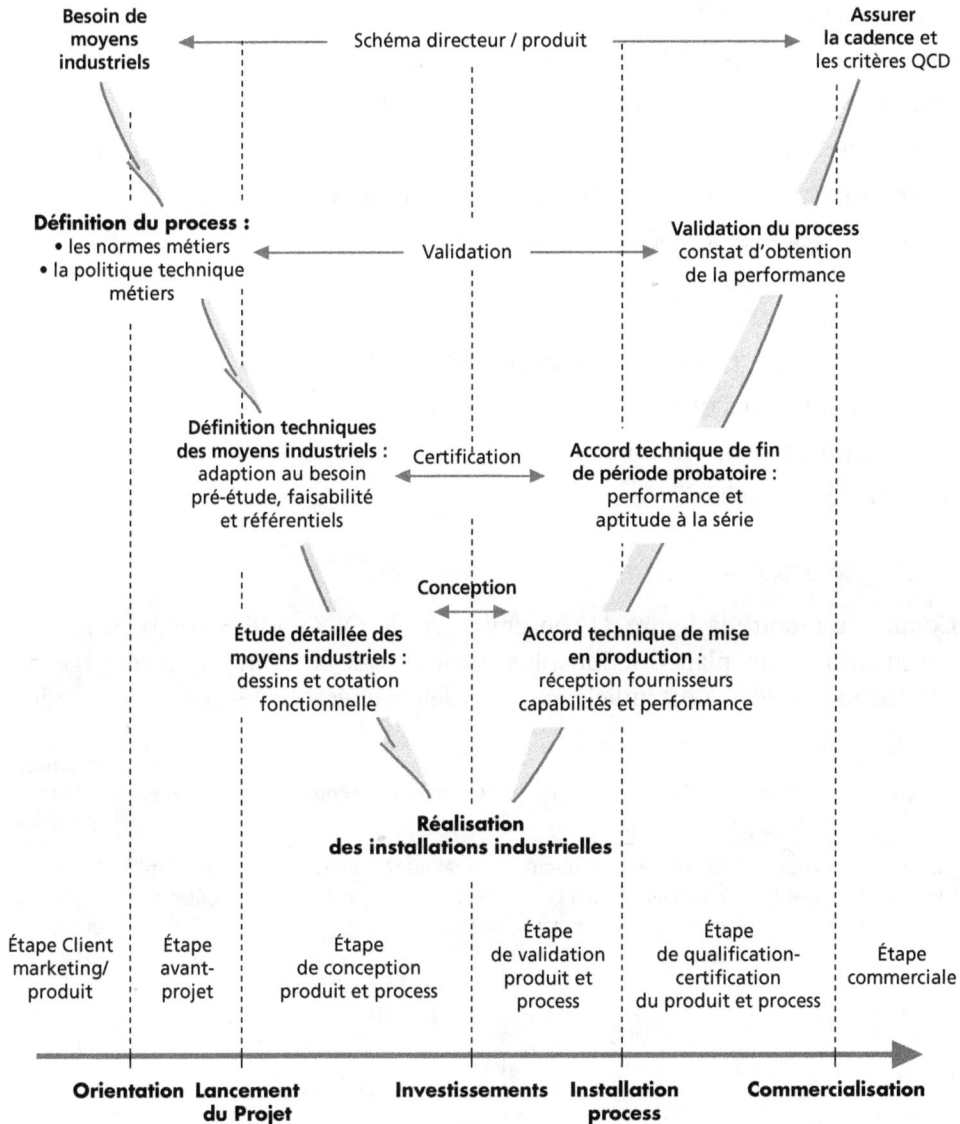

Besoin de moyens industriels

Schéma directeur / produit

Assurer la cadence et les critères QCD

Définition du process :
• les normes métiers
• la politique technique métiers

Validation

Validation du process
constat d'obtention de la performance

Définition techniques des moyens industriels :
adaption au besoin pré-étude, faisabilité et référentiels

Certification

Accord technique de fin de période probatoire :
performance et aptitude à la série

Conception

Étude détaillée des moyens industriels :
dessins et cotation fonctionnelle

Accord technique de mise en production :
réception fournisseurs capabilités et performance

Réalisation des installations industrielles

Étape Client marketing/ produit

Étape avant-projet

Étape de conception produit et process

Étape de validation produit et process

Étape de qualification-certification du produit et process

Étape commerciale

Orientation **Lancement du Projet**

Investissements

Installation process

Commercialisation

Figure 30 – Diagramme en V pour la conception d'un process industriel

QQOQCP + COMBIEN

De quoi s'agit-il ?

Quoi : de quoi s'agit-il, quel résultat est attendu ?

Quand : quand ce résultat doit-il arriver et/ou quand faut-il commencer une tâche pour l'obtenir ?

Où : où cela se passe-t-il, dans quel périmètre ?

Qui : qui est le responsable pour chaque action ?

Comment : quelles actions ? quelles méthodes ? quels outils ?

Pourquoi : pourquoi est-il nécessaire d'obtenir le résultat attendu ?

Combien : quel est le coût de chaque action ?

À quoi cela sert-il ?

- à identifier un problème et à mettre en place un plan d'action pertinent ;
- à se mettre d'accord sur les priorités ;
- à répartir les responsabilités ;
- à établir des délais.

Exemple d'utilisation

Comme le montre la figure 31, on emploiera le QQOQCP + combien pour la construction d'un plan d'action plus complet que le plan explicité page 55. L'utilisation du PDCA est judicieuse pour déterminer tous les résultats attendus.

Quoi	Quand	Qui	Où	Comment	Pourquoi	Combien	Gestion des priorités
Quel est le résultat attendu ?	À quelle date ?	Se charge d'obtenir ce résultat ?	Peut-on voir ce résultat ?	Ce résultat sera-t-il obtenu ?	Ce résultat attendu, quel est sa valeur ajoutée ?	Cela va-t-il coûter ?	Poids important et coût faible
Résultat n° 1							
Résultat n° 2, etc.							

NB : Il est possible de hiérarchiser les 20 % d'actions donnant 80 % des résultats.

Figure 31 – Tableau QQOQCP + combien + priorités

LES 5 POURQUOI

De quoi s'agit-il ?

C'est un questionnement qui permet, parfois dès le 3e pourquoi, d'avoir une réponse beaucoup plus pertinente à des causes profondes d'un problème.

Il faut partir de faits précis, du problème et rechercher la cause directe puis les autres causes afin de pouvoir agir directement sur cette cause profonde pour régler le problème définitivement. Toutes actions sur les causes intermédiaires n'auraient que des effets positifs éphémères et nécessiteraient un délai et un coût de résolution prohibitifs.

À quoi cela sert-il ?

Cette méthode instinctive chez les jeunes enfants est à réapprendre par les ingénieurs, afin d'identifier les vraies causes d'un problème.

Ils pourront ainsi trouver les causes profondes d'un problème et mener ainsi les plans d'action adéquats.

Exemples d'utilisation

Partons du problème d'une pièce usinée ne respectant pas les exigences du plan.

* *1er pourquoi :* c'est la faute de l'opérateur !
* *2e pourquoi : l'opérateur fait-il des mauvaises pièces ?* Ce n'est pas de sa faute, c'est dans le transport interne dans l'usine que la pièce a été endommagée !
* *3e pourquoi : la pièce a-t-elle été endommagée dans le transport d'un poste à un autre dans l'usine ?* Ce n'est pas de la faute du transporteur de pièces : c'est son kart qui a glissé parce que le sol était humide à cet endroit !
* *4e pourquoi : le sol était-il humide à cet endroit ?* Parce qu'il y avait une tuile cassée à la verticale de cet endroit !
* *5e pourquoi : la détection et la réparation de la tuile cassée* n'ont-elles pas été faites immédiatement après le constat de détérioration ?
* etc.

L'expérience démontre facilement l'efficacité de la démarche, et, en général, trois étapes sont suffisantes. Bien entendu, il serait possible de continuer longtemps comme cela, mais l'essentiel est d'identifier la cause qui permettra de mettre en place un plan d'action simple, rapide et efficace.

L'exemple suivant illustre bien l'utilisation de l'outil des 5 pourquoi comme méthode de management.

- Dans le domaine de l'automobile, il est nécessaire d'assurer la prestation de dégivrage de la lunette arrière. Vers 1970 un prototype proche de la définition prévue en série était essayé dans les régions polaires. Le constat était très souvent négatif et donc préjudiciable au démarrage en série. Si vous posiez les questions : Que fait la concurrence ? Quel calcul simple peut-on réaliser pour dimensionner la solution ? Quel essai, moins coûteux et réalisable plus tôt, pourrions-nous prévoir ? À chaque fois la même réponse : c'est impossible ! Ce n'est pas dans nos habitudes ! Ce n'est pas le processus de l'entreprise !

- Le harcèlement par les 5 pourquoi constitue une forme de mise sous contraintes plus acceptée par les acteurs, soucieux de se justifier, et de ce fait plus créatifs.

- Une première mise sous contrainte a permis de choisir une bonne solution 15 mois plus tôt, grâce à un essai en chambre froide sur un prototype de premier niveau de définition. Les acteurs concernés considéraient cela comme un progrès remarquable et suffisant.

- Une deuxième mise sous contrainte a engendré un autre pas de progrès par la mesure directe de la température du verre de la lunette arrière d'un prototype avec une caméra infrarouge, test plus rapide et moins coûteux (1 heure au lieu de 6 heures nécessaires pour l'essai en chambre froide).

- Une troisième contrainte a permis de se passer du prototype. Le moyen s'est limité cette fois à la caméra infrarouge visualisant la lunette arrière alimentée par un générateur de courant. L'économie engendrée généralisée aux autres activités a conduit à supprimer ces prototypes et ainsi à réduire considérablement le temps de conception d'un nouveau modèle.

- En parallèle le savoir-faire calcul a progressé et devient possible. Mais il faut appliquer encore et toujours les 5 pourquoi, à savoir, pourquoi faire un essai plus un calcul ou pourquoi décider l'un, l'autre ou les deux ? La convergence rapide d'un projet nécessite comme nous le verrons au chapitre 9 d'éviter la réalisation de doublons de tâches pour garantir un résultat attendu. La tâche retenue sera celle qui donne une confiance suffisante, dans les délais voulus, au minimum de coût.

DIAGRAMME DE PARETO

De quoi s'agit-il ?

Le diagramme de Pareto est un outil qui servira à déterminer l'importance relative de causes ou d'autres critères et à les classer par ordre d'importance. Cela permet de dégager les axes prioritaires.

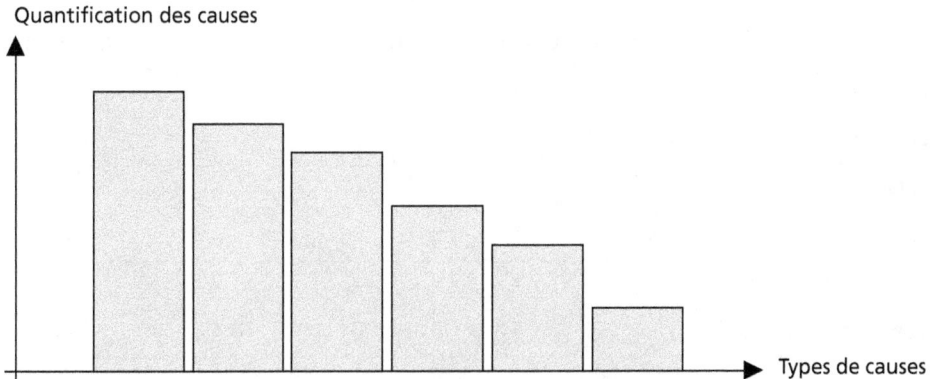

Quantification des causes

Types de causes

Figure 32 – Diagramme de Pareto

À quoi cela sert-il ?

On déterminera ainsi l'ordre de priorité qu'il convient d'appliquer pour s'attaquer efficacement aux causes d'un problème ou dans une hiérarchisation d'actions sous l'angle de leur efficacité, ce qui permettra de retenir les 20 % d'actions qui donneront 80 % des effets positifs attendus. Cet outil sert aussi à améliorer le consensus au sein d'une équipe avant de passer à l'action. Il est à réaliser en complément :

- de la méthode de résolution des problèmes qui se concrétise par un plan d'action hiérarchisé (page 55) ;
- du diagramme cause-effet (page 84) ;
- de la méthode d'affinités d'idées (page 140).

Exemples d'utilisation

- hiérarchisation de plans d'action ;
- hiérarchisation de problèmes ;
- classement des prestations attendues par les clients suivant l'importance sur une échelle de 0 à 100 % représentant le niveau d'exigence des clients.

MATRICE DÉCISIONNELLE

De quoi s'agit-il ?

Une matrice décisionnelle consiste à positionner chaque possibilité de solution par rapport à des critères de choix prédéfinis. La figure 33 illustre le croisement de différentes options de choix possibles avec les critères à prendre en compte dans le choix.

	Option A	Option B	Option C	Option D
Critères qualité	+	0	–	– –
Critère délai	++	0	– –	–
Critère coût	+	+	–	– –
Critère X	–	–	++	+
Critère subjectif client	+	++	+	–
BILAN GLOBAL PAR OPTION	☺	☹	☹	☹

Ici, l'option A est à retenir à condition de pouvoir ajouter un plan d'action crédible pour minimiser les effets négatifs du critère X.

Figure 33 – Matrice décisionnelle

Dans chaque case de la figure 33, la relation entre l'option potentielle et un critère de choix varie de très positif (++) à positif (+), neutre (0), négatif (–) ou très négatif (– –). Une échelle de 1 à 10 peut également être retenue, avec un poids relatif donné à chaque critère : par exemple, si un critère est déterminant, la note 0 élimine l'option.

Il faut choisir la règle du jeu en fonction du sujet et par consensus entre les acteurs.

À quoi cela sert-il ?

Cela sert à prendre une décision en groupe et à donner à cette décision le plus d'impartialité possible.

Exemples d'utilisation

Il arrive, par exemple, dans une grande entreprise, que 8 choix soient possibles avec 10 critères et que la connaissance soit partagée par 15 personnes. Chacun a une vision floue. Cet outil est essentiel et simple à mettre en œuvre pour constater les choix pertinents ou les critères insuffisamment documentés pour prendre la décision et ainsi charger tel ou tel acteur de s'en préoccuper.

Il s'agit dans les cas complexes de construire un véritable plan d'action à l'image de la figure 9 page 56. Un tel plan peut se représenter sous la forme d'un plan de convergence pour effectuer un choix comme illustré à la page 200.

QFD (*QUALITY FUNCTION DEPLOYMENT*)

De quoi s'agit-il ?

La méthode du QFD utilise un déploiement de matrices dans un ordre logique, à savoir qu'il faut définir « le quoi » avant « le comment », c'est-à-dire les attentes des clients avant la réponse de l'ingénieur en termes de solutions. Les étapes sont les suivantes :

- les attentes client (quoi) ;
- les poids de ces attentes (exemple : échelle de 1 à 5) ;
- des mesures de la satisfaction des clients ;
- les solutions proposées (comment) ;
- la matrice des relations entre les attentes client et les solutions retenues (quoi-comment : notée 9 si la relation est forte, 3, si moyenne, 1, si faible, 0, si nulle) ;
- la matrice des corrélations des solutions entre elles (comment par rapport aux comment) ;
- les comparaisons des solutions (comment) ;
- les coûts des solutions (combien) ;
- les évaluations résultant des notes de la matrice des relations.

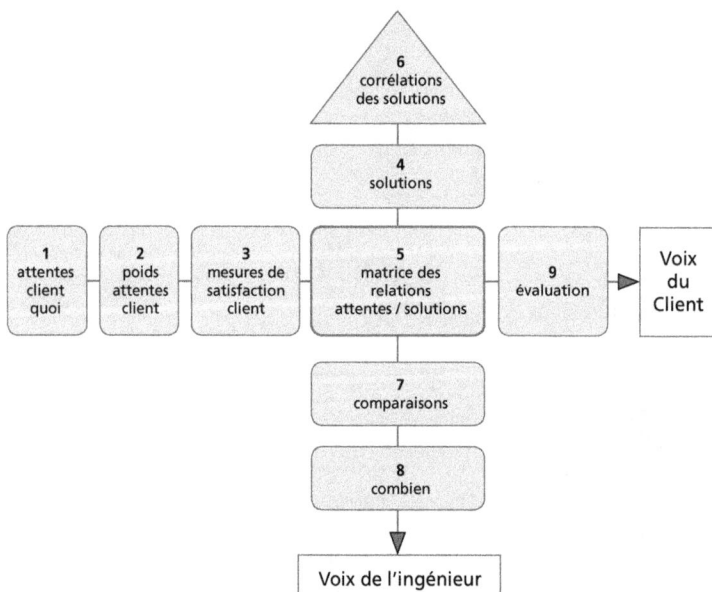

Figure 34 – Le QFD

À quoi cela sert-il ?

Cette méthode s'inscrit dans le management de projet pour :

● assurer la pertinence des solutions par rapport aux attentes des clients ;

● se comparer à la concurrence ;

● hiérarchiser les solutions proposées, en qualité et coûts de mise en œuvre ;

● assurer la cohérence avec les contraintes industrielles ;

● maîtriser la qualité, les coûts et les délais ;

● sélectionner des propositions techniques.

En conclusion, obtenir le choix de la solution la plus judicieuse. Cette méthode peut aussi s'appliquer à des programmes de recherche.

Exemples d'utilisation

Le schéma ci-dessous peut aider à l'utilisation judicieuse du QFD par rapport aux autres outils.

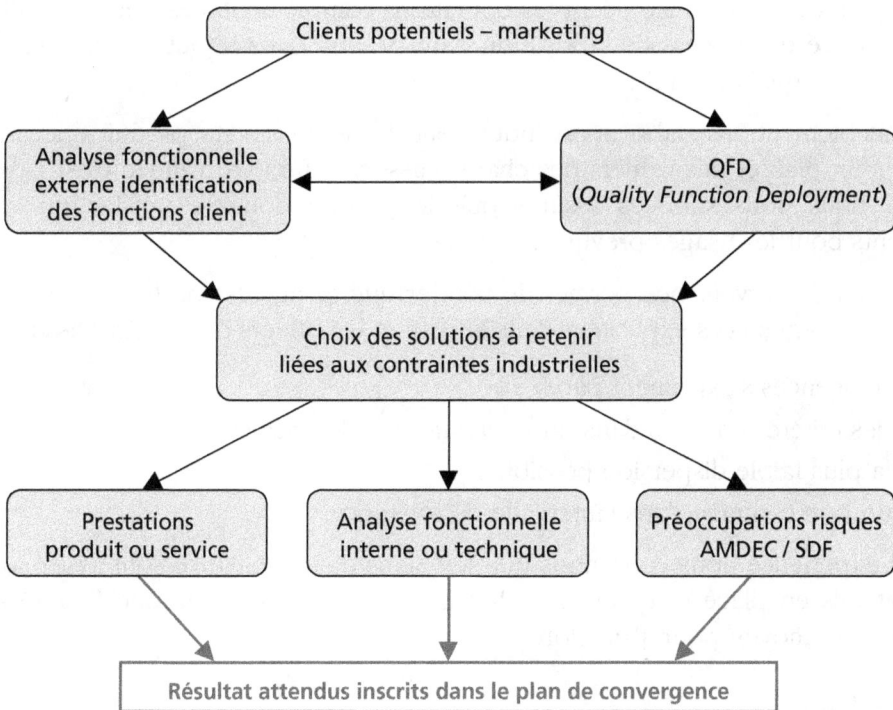

Figure 35 – Cohérence et complémentarité de quelques outils

PLAN DE SURVEILLANCE

De quoi s'agit-il ?

Dans toute fabrication industrielle d'une pièce ou d'un système il y a au cours du temps des risques de dérives. Elles sont dues à :

- Une conception insuffisamment robuste ;
- Un manque de formation de l'opérateur ;
- Une dérive dans l'application des consignes par l'opérateur ;
- Une inadaptation des moyens industriels à respecter les exigences de qualité ;
- Un déréglage de ces moyens industriels ;
- Une conception inadaptée au respect des exigences de contraintes industrielles imposées, à savoir une réalisation dans un temps très court par un opérateur simple exécutant d'une tâche prédéfinie supposée garantir le résultat attendu.

À quoi cela sert-il ?

Un plan de surveillance décrit les opérations complémentaires pour surveiller la stabilité du process de fabrication d'un produit dans le but de maîtriser le niveau de qualité requis.

Préalablement à la fabrication industrielle la définition du produit spécifiée dans un plan et des cahiers des charges associés aura été validée c'est-à-dire que nous nous sommes assurés que le produit donnera satisfaction aux clients pour les usages prévus.

Le plan de surveillance permet de vérifier que le process de fabrication respecte les exigences explicitées dans le plan et les cahiers des charges associés.

Les exigences s'expriment par :
- des critères compris dans un intervalle de tolérance (IT) ;
- la plus faible dispersion possible ;
- un bon centrage dans l'intervalle de tolérance.

Par expérience nous constatons que les plans de surveillance sont assez souvent mis en place et qu'un fabricant considère cela comme une finalité au lieu d'un moyen pour s'améliorer.

La mise en œuvre

Dans certaines situations complexes les causes des dysfonctionnements sont multiples et remontent très en amont jusqu'à la mise en cause de la conception.

Dans ce cas il faut un travail de fourmis pour identifier les causes et y remédier. En règle générale tous les cas complexes se caractérisent par des responsabilités partagées qu'il faut démêler. La figure 36 montre les liens internes qui peuvent exister chez un constructeur automobile par exemple et ses fournisseurs.

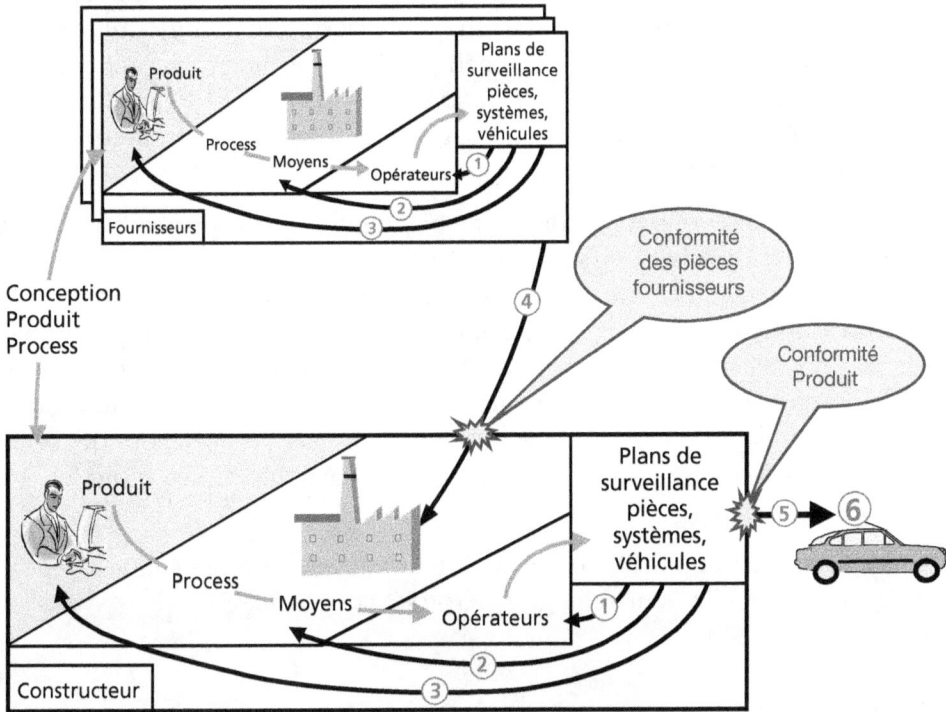

Figure 36 – Mise en place et réactivité de la surveillance d'un process

Toutes les utilisations perverses de cette démarche correspondent à un manque de compréhension des enjeux qualité, coût et délai, du respect des validations du produit en amont et du process en aval et à la difficulté de concevoir les produits avec une parfaite connaissance des capabilités industrielles.

QC *STORY*

De quoi s'agit-il ?

Dans le cadre d'un progrès continu c'est une démarche de résolution de problèmes qui nécessite des organisations, comportements, méthodes et outils adaptés à chaque étape. Le terme « QC » est une abréviation de *Quality Control*. De nombreux outils qualité utilisent ce générique. Le terme *Story* pour annoncer la description de l'historique de la résolution d'un problème. La visibilité de la résolution du problème se fait en une page facile à lire, à comprendre, à vérifier, à transmettre, etc.

Toutes les organisations industrielles recherchent la performance en termes de qualité, coût et délai. L'efficacité dans l'usage des méthodes de résolution de problèmes sont au centre de cette performance. Le rôle essentiel d'un collectif d'acteurs travaillant sur un document visible, partageable, capitalisable pour le futur n'est plus à démontrer. La différence entre les entreprises se joue sur l'art et la manière d'y parvenir vite et bien en organisant le futur pour que les mêmes problèmes ne se reproduisent pas. L'utilisation de cette démarche respecte les fondamentaux d'une démarche projet (voir les 15 étapes du chapitre 2).

QC *Story* exploite l'outil PDCA (page 70), la méthode de résolution de problème (page 55) et la démarche globale projet (pages 52-53).

À quoi cela sert-il ?

La valeur ajoutée est de garantir :

- l'utilisation par un collectif d'acteurs ;
- le contrôle par une hiérarchie ;
- la *visibilité* par tous qui en fait un outil de communication et de capitalisation des bonnes pratiques grâce à la représentation schématique qui donne envie de lire ;
- la compréhension et l'amélioration continue des standards indispensables à la vie industrielle.

La visibilité, c'est l'assurance d'être critiqué et l'opportunité de s'améliorer. Les démarches de résolution de problèmes appliquées par des acteurs isolés sont suspectes.

La capitalisation de ces fiches est facile et la copie est un élément clé de la qualité dans l'application de la démarche.

Les conditions de succès sont les suivantes :

- Considérer les faits et les données non contestables, pas de spéculation.
- Prendre en compte les variations et pas seulement la moyenne.
- Impliquer le « maximum » de personnes concernées, comme dans toutes les démarches de projet le collectif une clé de réussite.
- Savoir se fixer une cible ambitieuse en QCD (page 23).
- Le respect du processus même s'il semble contraignant est incontournable pour aller vite au résultat appliquer la morale de la fable de La Fontaine le lièvre et la tortue.
- À chaque étape utiliser l'outil le plus adapté à la situation.
- Le résultat obtenu doit être durable d'où la nécessité d'appliquer un standard.
- Permettre les erreurs, protéger ceux qui prennent des risques de rendre leurs erreurs visibles.
- Motiver les acteurs pour les rendre plus actifs.
- Cet outil est à votre service et non l'inverse.
- La finalité est le problème résolu, les standards appliqués et cette histoire capitalisée.
- Comme représenté sur la figure 37 de la page 107, les 9 étapes respectent le cycle PDCA comme dans la démarche classique de résolution de problème vu page 55. Suivant le souhait des standards de chaque entreprise la représentation en U ou autre n'est qu'une question de choix.

Comment mettre en œuvre ?

Étape 1 : Choisir le sujet

Que faut-il améliorer ? Utiliser les 5 pourquoi (page 95) avec en perspective l'enjeu qui sera le guide déterminant pour choisir le sujet.

Étape 2 : Expliquer, démontrer les raisons du choix

Par utilisation du diagramme de Pareto démontrer : l'importance ou l'urgence du problème. Se baser sur des faits. Classer par ordre de priorité

Étape 3 : Comprendre la situation actuelle

Aller sur le terrain voir le problème à l'endroit où il apparaît, récolter des faits précis auprès des personnes impliquées, poser des questions, chercher à comprendre, éviter les solutions prématurées.

Étape 4 : Choisir les cibles

Une cible est chiffrée en critères QCD (page 23), concrète réaliste et ambitieuse, motivante pour mobiliser les acteurs. En se référant aux meilleures pratiques existantes en interne ou en externe ou à des exigences contractuelles ou normatives (sécurité et la prévention de la pollution).

Étape 5 : Analyser

Rechercher par « brainstorming » les facteurs principaux qui engendrent le problème. Par les « 5 pourquoi ? » (page 95) vérifier si les causes identifiées sont les vraies causes. Identifier toutes les causes possibles est utopique.

Étape 6 : Identifier les conditions de réussite pour mettre en place les mesures correctives

Vérifier l'effet sur les autres processus ou les autres facteurs, et si les résultats sont bons appliquer les mesures.

Étape 7 : Confirmer les effets

Comparer avec les conditions initiales (étape 3) d'où l'intérêt d'une représentation en U.

Étape 8 : Standardiser

Standardiser en procédures à respecter pour le futur, réaliser des documents simples et visuels peut éviter la répétition d'erreurs.

Étape 9 : Synthétiser et prévoir les actions futures

Les bonnes pratiques à reconduire, les erreurs à éviter et la suite à donner.

Il s'agit ici d'un schéma de principe. Pour l'application concrète exploiter au mieux un format A4 en paysage. Ce format sera facile à transformer en A3 pour un usage plus pratique sur le terrain. Par ailleurs il sera facile à ramener en A4 pour le conserver dans un dossier ou le faxer. Un format A0 permettra une communication grand public.

Choisir le sujet

Plan

Organiser la suite à donner

Act

Les raisons du choix

Plan

Standardiser

Act

Comprendre la situation actuelle

Plan

Confirmer les effets
Comparer avec les conditions initiales

Check

Choisir les cibles

Plan

Analyser
Identifier toutes les causes possibles

Do

Identifier les conditions de réussite pour mettre en place les mesures correctives
Vérifier leurs effets

Do

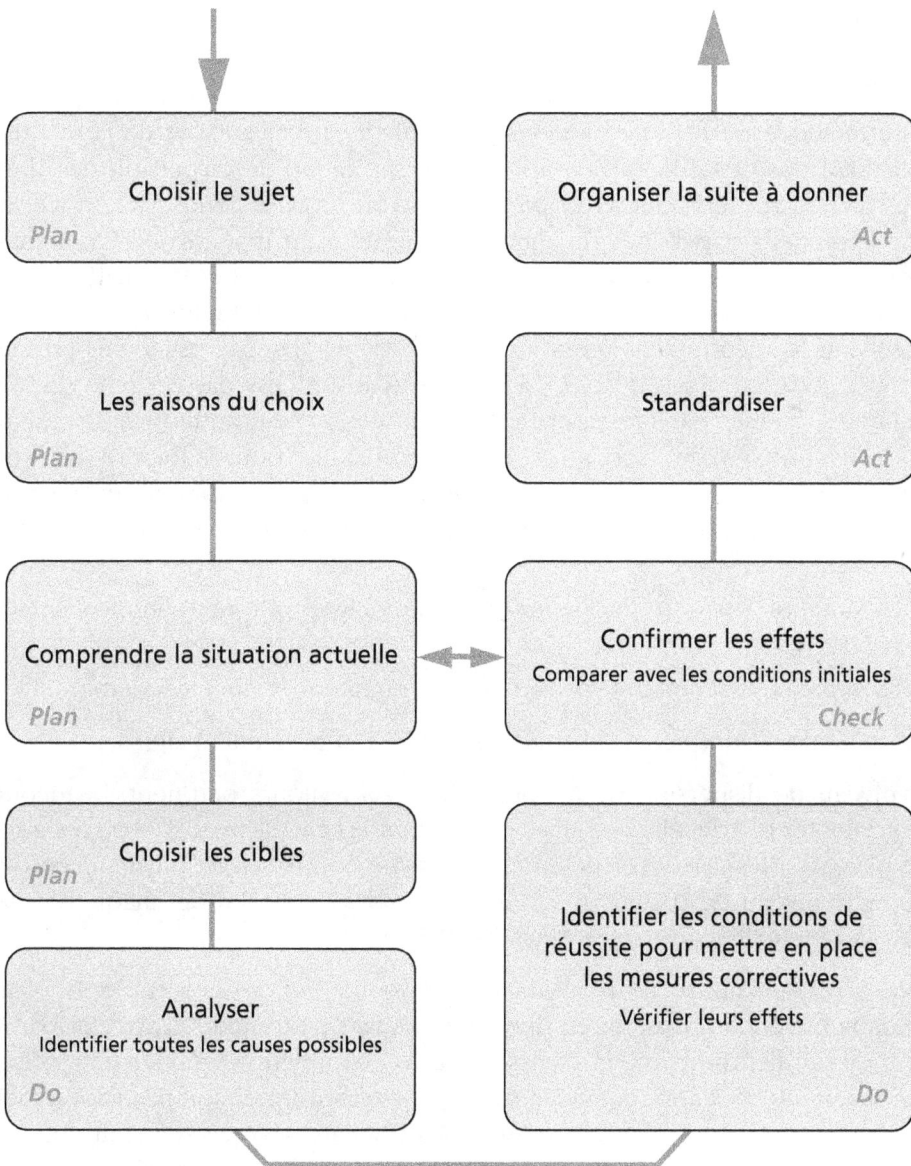

Figure 37 – Les étapes fondamentales de la démarche QC *Story*

SIX SIGMA

De quoi s'agit-il ?

Cette méthode est la suite logique des plans de surveillance et de la maîtrise statistique des processus. Dans le concept statistique de dispersion des données d'une caractéristique d'un produit ou d'un process de fabrication, l'écart type exprime la variabilité. Six Sigma signifie un écart type de six. Par la maîtrise du process de fabrication il est possible de réduire cet écart. En 1987 chez Motorola Bob Galvin cherche à changer l'approche habituelle pour satisfaire les clients qui formulent leurs exigences en parties par million (ppm) et 6 sigma correspond à 3,4 ppm. La maîtrise d'un process passe par le respect de limites définies dans les spécifications du concepteur au fabricant. La maîtrise des process de fabrication est déterminante pour atteindre un bon niveau de qualité au meilleur coût. Cette méthode va plus loin en recherchant à réduire la variabilité qui s'exprime par deux critères : la variation et la variance.

- La variation doit être inférieure ou égale à l'intervalle de tolérance divisée par 12.
- La variance doit se limiter entre un décentrage de + ou − 1,5 sigma.

Ces conditions sont nécessaires au respect de 3,4 ppm soit 6 sigma.

Le niveau de dispersion de 6 sigma n'est pas toujours pertinent, beaucoup d'excellentes activités industrielles enchantent les clients avec 3, 4 ou 5 sigma. De plus pour les systèmes techniques qui sont composés de plusieurs constituants le niveau de qualité global sera plus bas que celui de chaque partie, d'où la forte exigence sur les produits de base.

Cette méthode utilise de nombreux outils qualité classiques et respecte les fondamentaux du travail en équipe. La tendance est toujours d'appeler par le nom du dernier outil créé la « caisse à outils » complète. Certaines entreprises annoncent qu'elles appliquent six sigma, d'autres affirment ne pas l'appliquer. La réalité est différente. Il faut observer les résultats concrets qui sont obtenus par un ensemble de méthodes et outils comme le diagramme causes-effet, le diagramme de Pareto, les 5 pourquoi (page 97), mais surtout beaucoup de bons comportements et d'intelligence dans le travail collectif.

À quoi cela sert-il ?

À l'analyse de données enregistrées :

- par les plans d'expérience pour aider les concepteurs à définir les spécifications les plus pertinentes pour des systèmes dont les prestations dépendent d'une multitude de critères. Cela permet d'aller plus vite vers des choix de spécifications robustes ;

- par les plans de surveillance en fabrication pour décider des actions correctrices et ainsi assurer la conformité aux spécifications des concepteurs.

L'efficacité de cette méthode est liée aux progrès continus dans les outils informatiques. L'exploitation des données est facilitée et accompagnée de tracé automatique de graphiques précieux pour l'analyse et la prise de décision.

Se méfier d'applications perverses de cette méthode, comme de toutes d'ailleurs, qui consisteraient à mettre en œuvre une méthode mais sans en exploiter les résultats. Autrement dit de décider par d'autres méthodes.

Garder toujours à l'esprit que ces méthodes et outils sont des moyens pour être efficace et ne sont pas des buts. Le seul but est l'équilibre entre la satisfaction de ses clients, salariés et actionnaires. Il ne faudrait pas rechercher à améliorer tous les processus par cette méthode qui reste compliquée, difficile à mettre en œuvre jusqu'à l'aboutissement au résultat escompté. Le succès des projets dans une entreprise est plus lié à la dynamique collective et organisée des intelligences qu'à l'usage d'outils sophistiqués.

Cette méthode est très utilisée dans les industries qui fabriquent des produits de bases comme l'industrie électronique ou pharmaceutique par opposition aux industries utilisant ces produits pour fabriquer des systèmes comme l'automobile, l'aviation etc.

Exemples

Dans l'industrie pharmaceutique chaque médicament comprend un principe actif d'un très faible poids par rapport au poids déjà petit d'un simple cachet. La maîtrise du principe actif est de toute évidence fondamentale et résulte de travaux amonts de conception en laboratoires puis de fabrications conformes aux spécifications. À chaque stade de la production il faut contrôler et agir sur le process (Homme et moyens) pour garantir un bon résultat.

Dans l'industrie automobile considérant les 5 000 pièces environ qui composent une voiture. Chacune de ces pièces est définie par 20 spécifications en moyenne plus les 5 000 interfaces correspondant aux fixations des pièces elles-mêmes définies par 4 spécifications. L'ensemble constitue 120 000 caractéristiques spécifiées. Le nombre de problèmes rencontrés par les clients au cours des trois premiers mois d'utilisation est déterminant pour l'image qualité du produit. En particulier une excellence qualité est recherchée sur les caractéristiques liées à la sécurité et à l'absence de pannes immobilisantes.

Si la méthode six sigma est bien ciblée pour l'application pharmaceutique ou toute autre fabrication de composant « simple » elle ne peut être qu'une contrainte supplémentaire pour l'automobile qui se caractérise par des systèmes complexes avec de nombreuses interactions.

5

La gestion des risques

ANALYSE PRÉLIMINAIRE DES RISQUES

De quoi s'agit-il ?

Manager un projet, c'est gérer les risques pour réduire au maximum le niveau d'incertitude, sachant que, comme le dit Victor Hugo : « On sait à tout moment que demain, la seule certitude, c'est l'incertitude. »

Tous les acteurs, qu'ils soient employés, actionnaires ou clients, veulent de la certitude.

Les risques sont de différentes natures :

- risques techniques de réaliser un produit défaillant et/ou peu performant ;
- de ne pas faire de profit ;
- de ne pas bien vendre ;
- sécurité des hommes et des biens lesquels sont inacceptables s'ils concernent des vies humaines ;
- de non-respect des délais, ce qui engendre des surcoûts ;
- de mauvaise maîtrise qualité du process de fabrication.

Une analyse préliminaire des risques identifie et hiérarchise les risques du projet afin de les éradiquer ou minimiser pour arriver à un niveau d'assurance qualité accepté par les responsables du projet et leurs hiérarchiques.

Mise en œuvre par :

- une réunion de *brainstorming* avec une équipe pluridisciplinaire, qui permet d'identifier très rapidement une grande majorité de risques ;
- une hiérarchisation des risques (suivant la figure 38) pour identifier les risques prioritaires à gérer ;
- une identification de la chaîne de résultats à obtenir pour « tordre le cou » aux risques en leur affectant un contributeur et une date d'obtention (c'est la démarche de convergence explicitée dans tout le chapitre 9).

À quoi cela sert-il ?

La performance du management d'un projet se mesure par le faible niveau de problèmes avérés. Pour éviter les problèmes au dernier moment, il faut donc gérer les risques.

Nous verrons plus loin la nécessité d'écouter les préoccupations des acteurs (page 178). En effet, ces derniers émettent des signaux faibles car ils sont compétents et en contact très étroit avec le terrain. Les signaux faibles deviendront ou pas des risques, mais tous les risques ont pour origine des signaux faibles. Il est certain que des acteurs les ont détectés avant tout le monde mais on ne les a pas écoutés et eux-mêmes n'ont pas insisté car ils n'étaient pas certains du bien-fondé de leurs préoccupations.

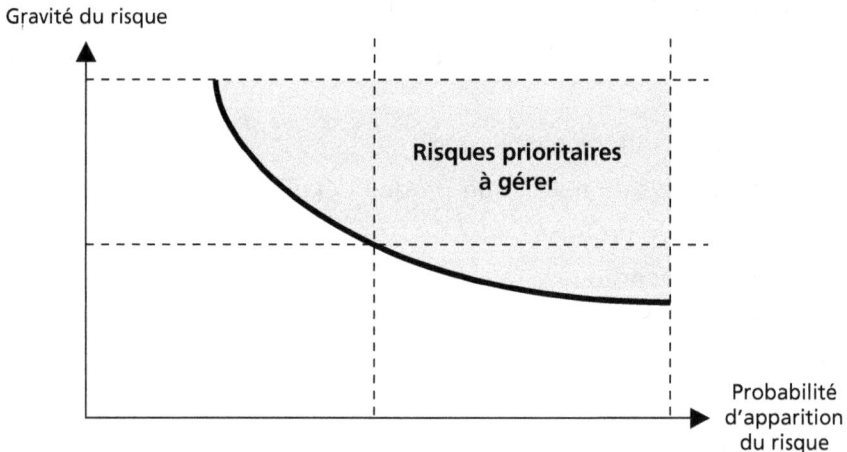

Figure 38 – Graphique de hiérarchisation des risques

© Groupe Eyrolles

NB : Dans beaucoup de projets, il est constaté que des risques ont été identifiés mais sans plan d'action pour les éliminer. L'identification des risques ne peut être une fin en soi, elle doit être un déclencheur d'action jusqu'à la certitude de l'élimination du risque !

De plus, tous les risques ne deviendront pas des problèmes mais tous les problèmes avérés ont été des risques, détectés ou pas par l'équipe projet mais certainement par un acteur. Cela démontre l'importance de l'écoute par le management, par l'utilisation de méthode dans l'animation des équipes.

Difficultés rencontrées :

- faible retour d'expériences formalisé ;
- faible implication hiérarchique (ils traitent les nombreux problèmes avérés, ce qui les occupe à 100 % de leur temps) ;
- refus d'une telle démarche par le hiérarchique qui ne maîtrise pas les méthodes pour exploiter les risques et peut donc se trouver mis en cause.

Exemples d'utilisation

Ces démarches sont indispensables pour :

- les innovations, car les risques sont plus grands ;
- valider une solution plus économique : des économies potentielles aveuglent souvent leurs auteurs, et, faute d'identifier les risques, les opportunités se transforment en risques et, parfois, une partie des risques en catastrophes.

AMDEC (Analyse des modes de défaillance, de leurs effets et de leur criticité)

De quoi s'agit-il ?

L'AMDEC (Analyse des modes de défaillance, de leurs effets et de leur criticité, FMEA en anglais, pour *Failure Mode and Effect Analysis*) est une démarche préventive appliquée dans de nombreuses entreprises françaises depuis 1980. Il s'agit d'analyser chaque fonction du produit, d'évaluer leurs risques de défaillance en clientèle et de trouver des actions préventives permettant de lever ces risques.

C'est une démarche préalable à la validation d'un produit, d'un service et/ou d'un process. Elle doit s'appliquer dès que l'on a retenu une solution technique d'un système, sa décomposition en pièces et ses interfaces avec les autres systèmes.

Cet outil sera efficace pour la conception s'il est appliqué dès les premiers choix fondamentaux et/ou pour confirmer la pertinence de ces choix initiaux.

Quelques difficultés de mise en œuvre :

* très souvent, cet outil est utilisé trop tard ;
* les solutions explicitées sont plutôt des recommandations car les acteurs présents pour l'AMDEC ne sont pas décideurs ;
* l'AMDEC est réalisée parce que la direction de la qualité l'a demandé mais les opérationnels ne se l'approprient pas suffisamment ;
* une application trop besogneuse de l'AMDEC entraîne un absentéisme à certaines réunions préjudiciables à l'efficacité ;
* une lassitude des acteurs au point d'être épuisés pour la mise en œuvre des solutions ;
* des changements permanents montrant qu'il est trop tôt puis trop tard pour réaliser l'AMDEC ;
* réunions nécessitant des intervenants de différentes directions, y compris des fournisseurs ;
* mauvaise identification des fonctions et du cahier des charges fonctionnel ;
* mauvaise maîtrise des compétences requises ;
* expressions des défaillances souvent floues.

Conditions de réussite :

* des personnes compétentes sur le système ;

- identifier au préalable toutes les compétences requises par un organigramme fonctionnel (page 177) ;

- avoir capitalisé *un arbre de défaillances* (diagramme cause-effet page 84) pour gagner du temps et se limiter à la mise à jour ;

- des réunions courtes et efficaces ou une seule d'une journée en séminaire ;

- relier les solutions trouvées, qui deviennent des résultats attendus, avec une démarche de pilotage comme la démarche de convergence (chapitre 9), qui positionne ces résultats dans le temps avec le nom d'un contributeur en charge d'apporter la preuve de l'obtention de ce résultat ;

- faire le lien avec les préoccupations des acteurs et l'analyse préliminaire des risques ;

- bien intégrer le process industriel, qui a souvent des contraintes méconnues et incompatibles avec les choix techniques effectués.

À quoi cela sert-il ?

L'AMDEC sert à :

- déterminer les points faibles d'un système pour rechercher des solutions à partir de la mise en évidence des défaillances et des causes ;

- quantifier l'impact des défaillances sur le fonctionnement du système étudié ;

- éviter des défaillances dès le stade de l'usine et pour les usages des clients.

NB : une mauvaise économie de 1 euro en étude peut coûter en correction dans l'usine 10 euros et de 100 à 1 000 euros en correction des défauts après commercialisation.

Étapes pour la mise en œuvre de l'AMDEC

Différentes étapes
1. Définir le système à analyser
2. Définir les fonctions principales du système à analyser
3. Identification des causes de défaillance
4. Étudier les effets de la défaillance
5. Fixer un niveau de criticité et de probabilité d'apparition de la défaillance
6. Rechercher les moyens d'éliminer la défaillance
7. Repérer les résultat(s) attendu(s) pour éliminer la défaillance

Figure 39 – Différentes étapes de la démarche AMDEC

LA SÛRETÉ DE FONCTIONNEMENT

De quoi s'agit-il ?

La sûreté de fonctionnement (SdF) est une démarche qualité dont le but est de garantir l'ensemble des aptitudes d'un produit à donner satisfaction aux clients, sur les performances fonctionnelles requises, au moment voulu, pendant la période voulue, sans dommage pour l'utilisateur, le produit lui-même ou son environnement.

> Autrement dit, la SdF implique :
> 1/ *la disponibilité* du produit pour les performances fonctionnelles ;
> 2/ *la fiabilité* : probabilité de réussir la mission prévue sans dommages ;
> 3/ *la maintenabilité* : aptitude à la réparation et à l'entretien dans la période d'usage par les clients ;
> 4/ *la sécurité* : préservation de la vie des personnes et des biens (le produit et sa mise en œuvre ne doivent pas être dangereux) même au détriment de la fiabilité, donc de la mission.

Cette démarche a pour origine le nucléaire, l'aéronautique et l'espace. Dans les applications sur des produits plus courants, la démarche relève des mêmes principes, mais dans un environnement économique un peu différent. L'automobile, par exemple, a quelques particularités, comme l'aspect concurrentiel très fort et un tissus de fournisseurs et de clients mondiaux. D'autre part, si un avion est piloté et entretenu par des experts formés, il en est différemment pour l'automobile, qui s'adresse à des conducteurs et des réparateurs plus ou moins expérimentés. Cette démarche est appliquée aujourd'hui dans l'aéronautique, le nucléaire, l'espace, l'automobile, le transport et les produits grand public, les industries pétrolières.

À quoi cela sert-il ?

Dans la conception d'un système, il faut identifier, connaître le plus tôt possible tous les dysfonctionnements probables afin de décider des évolutions de solutions techniques. Cette aide à la conception par une expertise qualité très méthodique permet d'augmenter la confiance dans le produit étudié et surtout de démontrer si les objectifs en termes de qualité et de sécurité sont respectés pour un système donné, sans remettre en cause par ailleurs les coûts objectifs du projet.

Les résultats attendus suite à l'application de la démarche sont à piloter globalement avec ceux qui proviennent de l'usage d'autres démarches complémentaires. Le plan de convergence est un outil visuel de mise en cohérence de l'ensemble des attendus pour éliminer les risques. Son pilotage en continu, partagé par tous les acteurs repérés dans l'organigramme fonctionnel du projet (page 177), y compris les fournisseurs, est une condition essentielle de réussite d'un projet.

En résumé, la sûreté de fonctionnement sert donc à mettre en évidence les dysfonctionnements d'un système par l'identification d'événements indésirables possibles et à caractériser et traiter les événements indésirables pour :

- gagner des clients par l'image de qualité, de fiabilité des produits ;
- éviter la perte de vies humaines ;
- rendre les systèmes plus tolérants aux pannes.

La mise en œuvre

Différentes étapes
1. Mettre en évidence les événements indésirables
2. Caractériser les événements indésirables en gravité, scénarios d'apparition, probabilité d'apparition, etc.
3. Choisir les objectifs associés en qualitatif et quantitatif
4. Choisir la stratégie de traitement par des hiérarchisations, etc.
5. Définir les modes dégradés de fonctionnement
6. Mettre en œuvre des analyses et méthodes de traitement, par l'usage de diagrammes cause-effet pour chaque défaillance, AMDEC
7. Transformer chaque risque en résultats attendus pour donner confiance sur son élimination
8. Piloter le projet pour obtenir l'assurance de l'obtention de ces résultats attendus
9. Réaliser un bilan global et décider avant de commercialiser avec une évaluation précise des risques résiduels

Figure 40 – Étapes de la démarche de sûreté de fonctionnement (SdF)

Exemple

L'exemple suivant explicite un détail de conception qui a entraîné des dysfonctionnements pour des clients ; la sûreté de fonctionnement est une démarche au service des concepteurs pour éviter ce type de désagréments. Sur une voiture des années quatre-vingt-dix, il y avait deux crochets de retenue du capot moteur, chacun ayant sa propre fixation, constituée d'une embase et d'une vis. Un concepteur a proposé pour économie une évolution consistant à choisir une seule embase avec une vis pour les deux crochets. De ce fait, la qualité de la fixation dépendait entièrement de cette seule vis ; le risque étant une ouverture intempestive du capot. Ce risque est devenu un problème réel ayant entraîné de nombreux rappels de voiture pour correction du défaut. Globalement, cette économie non maîtrisée s'est avérée une perte importante, nécessitant le retour à la solution d'origine.

LA RESPONSABILITÉ DU FAIT DES PRODUITS

De quoi s'agit-il ?

Il n'y a pas de projet sans risques. Le chef de projet doit concilier dans les développements la maîtrise de ces risques, en particulier pour les innovations ; la recherche de rentabilité et la séduction du consommateur pour provoquer l'acte d'achat.

Certains de ces risques touchent à la performance de l'entreprise et d'autres sont liés à l'utilisation du produit par les consommateurs. Il s'agit bien de ces derniers lorsque l'on parle de responsabilité du fait du produit.

Tout producteur qui met sur le marché un produit a l'obligation légale d'assurer la sécurité générale de ce produit, ce qui impose :

- « de ne mettre sur le marché que des produits sûrs » ;
- de fournir au consommateur les informations utiles qui lui permettent d'évaluer les risques inhérents à un produit pendant sa durée d'utilisation normale ou raisonnablement prévisible, lorsque ceux-ci ne sont pas immédiatement perceptibles sans un avertissement adéquat, et de s'en prémunir » ;
- de suivre les produits, intervenir si nécessaire après leur commercialisation et informer les autorités compétentes.

Un produit sûr, est un produit qui, dans des conditions d'utilisation normales ou raisonnablement prévisibles, de durée, de mise en service, d'installation et de besoin d'entretien ne présente aucun risque ou seulement des risques réduits à un niveau bas compatibles avec l'utilisation du produit et considérés comme acceptables dans le respect d'un niveau élevé de protection de la santé et de la sécurité des personnes.

(d'après la directive 2001/95/CE)

En cas de non respect de cette obligation, la responsabilité de l'entreprise peut être mise en jeu soit par les clients (pénalement et/ou civilement), soit par les autorités compétentes qui peuvent aller jusqu'à interdire ou réglementer l'utilisation du produit (retrait du marché, rappel, destruction).

Pour faire face à des plaintes pénales, les entreprises doivent donc mettre en place une délégation de responsabilité pénale qui va toucher plusieurs responsables de l'entreprise. Le risque encouru en cas de responsabilité démontrée peut aller jusqu'à la privation de liberté. Cependant, la délégation n'exclut pas la recherche de responsabilités personnelles à tous les niveaux.

Dans une affaire civile, le dédommagement financier recherché par la partie plaignante peut être très important et est variable d'un pays à l'autre. Aux États-Unis, les procès sont très rentables car les avocats sont rémunérés au pourcentage des indemnités obtenues.

> **Important**
>
> Il existe une procédure dite « discovery » (spécifique aux pays anglo-saxons) qui donne droit à la partie plaignante de demander tout document utile à son argumentaire. Cette procédure a conduit les entreprises américaines à se structurer pour mettre en place des organisations robustes et faire face aux mises en cause.

À quoi cela sert-il ?

Le respect de cette obligation permet de protéger le client de tout risque lié à l'utilisation du produit et de protéger l'entreprise.

En ce qui concerne l'entreprise et ses salariés, il ne s'agit pas de les effrayer par la peur des mises en causes mais de mieux leur faire prendre en compte ces obligations et responsabilités dans la conception, la fabrication, la commercialisation du produit et dans les services aux clients.

Dans les projets, risques et opportunités sont souvent associées. Pour faire en sorte que cette obligation devienne une opportunité pour les acteurs du projet, il est nécessaire d'adopter des mesures préventives concrètes propres à chaque produit pour limiter les mises en cause.

La figure 41 page 122 montre la nécessité d'un pilotage global du projet qui garantit les nominations de contributeurs responsables et veille à la qualité des réponses apportées par chacun. Les compétences et responsabilités internes et/ou externes dans les entreprises fabriquant des produits complexes sont essentiellement collectives. Ces personnes sont vis-à-vis de la loi solidairement responsables avec leurs hiérarchies.

Comment faire la preuve du respect de l'obligation générale de sécurité ?

Selon la directive relative à la sécurité générale des produits 2001/95/CE du 3/12/2001, **la conformité d'un produit à l'obligation générale de sécurité s'apprécie en prenant en compte** :

* les réglementations spécifiques communautaires ou à défaut, nationales régissant la sécurité du produit concerné ;

- les normes nationales non obligatoires transposant des normes européennes ou les normes spécifiques au pays de commercialisation ;
- les recommandations de la Commission établissant des orientations concernant l'évaluation de la sécurité des produits ;
- les « codes de bonne conduite » en vigueur concernant la sécurité des produits ;
- l'état actuel des connaissances et de la technique ;
- la sécurité à laquelle les consommateurs peuvent raisonnablement s'attendre.

L'entreprise doit être en mesure de pouvoir faire la preuve lors de mises en cause ou d'enquêtes par des autorités compétentes, pendant les délais requis, du respect de cette obligation à l'aide des documents créés et reçus dans le cadre de son activité.

Pour certains concepteurs ces contraintes peuvent constituer un frein à l'innovation mais pour d'autres c'est au contraire une opportunité pour mieux cadrer l'innovation aux services des clients.

Cette figure 41 montre les différentes étapes ainsi que les responsables à identifier pour la conception d'un produit manufacturé.

Exemples

Cas d'une relation constructeur automobile-fournisseur : *Ford-Firestone*

Ford a négligé durant de nombreuses années la remontée de signaux faibles l'alertant de l'existence des problèmes de pression de gonflage et de fabrication des pneus de l'Explorer. Lorsque « tous les USA » ont appris le problème après un accident mortel, le constructeur a réagi en se justifiant à la télévision, en se désolidarisisant de son fournisseur Firestone.

Retour d'expérience :
- prendre en compte systématiquement les signaux faibles ;
- gérer les risques techniques et juridique au cours du temps ;
- former les acteurs au traitement approprié vis-à-vis de ces questions ;
- manager les expertises dans les domaines critiques, y compris dans le cas de collaboration avec un fournisseur ;
- préserver en cas de crise la sauvegarde de l'image ;
- savoir dire non face à des exigences déraisonnables ;
- traiter le risque avec la même réactivité quel que soit le pays concerné.

Domaines	Domaines Critères à respecter	Responsables
Conception	Choisir des concepts crédibles en fonction du cahier des charges fonctionnel qui prend en compte : • les réglementations, les normes, • l'état des connaissances et de la technique, • la sécurité à laquelle les consommateurs peuvent raisonnablement s'attendre, • les limites autorisées pour la fabrication.	À définir selon l'organisation et la délégation de responsabilité de l'entreprise
	Dimensionner la solution, dont le choix des matériaux, pour respecter le cahier des charges fonctionnel.	
	Préciser dans la spécification les limites de crédibilité de la solution en cohérence avec : • l'aptitude à fabriquer et à contrôler (moyens), • la validation aux limites (simulations numérique et/ou physique).	
Fabrication	Surveiller la conformité de la fabrication en respect des limites définies dans la spécification des concepteurs.	
Devoir d'information Commercialisation	Donner le niveau d'information : • Nom du produit : éviter les ambiguïtés par rapport au service rendu, • Avertissement approprié lors de l'usage (avertisseur sonore ou visuel, étiquette,…). • Manuel d'utilisation, • Explication, formation lors de la vente du produit.	
Réparation	Réparer conformément aux instructions.	

Figure 41 – Exemple de critères à prendre en compte pour un produit

Remarques : ces conséquences financières du procès ont été importantes pour les protagonistes accompagnés d'une perte de valeur en bourse et d'une perte d'image.

Les conséquences du procès se sont traduites pour l'ensemble de l'industrie automobile par un durcissement des contraintes légales.

Cas de la falsification de documents *Mitsubishi Motor Corp.*

En janvier 2002, une jeune mère de famille de 29 ans a été fauchée mortellement sur le trottoir par une roue échappée d'un semi-remorque roulant à Yokohama, au sud de Tokyo. Ses deux jeunes fils avaient été blessés. Le rapport préliminaire adressé par le constructeur Mitsubishi Fuso au ministère japonais des Transports mettait en avant un problème de maintenance du véhicule. Puis Mitsubishi Fuso avait finalement reconnu qu'un moyeu défectueux sur une roue de camion avait pu être à l'origine du drame et d'une série d'accidents similaires. Mitsubishi avait ensuite rappelé quelques milliers de camions. Le ministère des Transports a engagé des poursuites judiciaires à l'encontre de Mitsubishi Motors et de ses anciens dirigeants suspectés d'avoir rendu un compte-rendu falsifié. « Le compte-rendu envoyé était falsifié pour éviter des rappels de camions et comportait par conséquent une intention malveillante », a souligné dans un communiqué le ministre des Transports.

Retour d'expérience : quand un problème est détecté il faut le solutionner et donner la preuve de sa résolution.

Remarques : la presse a fait état « d'arrestations de sept responsables de Mitsubishi Motors et Mitsubishi Fuso, dont l'ex-président du conseil d'administration de ce dernier se sont produites pendant une perquisition dans les locaux du fabricant de poids lourds Mitsubishi Fuso Truck. De plus un ancien dirigeant de Mitsubishi Motors, et trois autres directeurs ont été arrêtés pour violation présumée de la loi sur les transports routiers de poids lourds après avoir présenté des rapports falsifiés, d'après la police. Ils risquent une peine d'emprisonnement d'un an maximum ou une amende de plusieurs millions de yens. Quant aux deux autres dirigeants arrêtés, dont le responsable du contrôle de la qualité, ils encourent une peine d'emprisonnement maximale de cinq ans ou une amende pouvant aller jusqu'à 500 000 yens pour négligence professionnelle ayant entraîné le décès d'une personne ».

Conception d'une passerelle d'accès au « Queen Mary-2 » lors de sa construction

Une passerelle s'est effondrée le 15 novembre 2003 aux chantiers de Saint-Nazaire provoquant 15 morts et 28 blessés. La passerelle a été reconstituée à la demande des experts, puis soumise à des tests de tenue qui ont permis de comprendre les circonstances du drame et en conséquence le procureur de la République a officiellement mis en cause la conception le 13 mai 2004.

Retour d'expérience : une conception n'est valable que pour un usage bien définie. Toutes les utilisations raisonnablement prévisibles doivent être prises en compte dans la conception.

EXEMPLE DE LA STRUCTURATION D'UN PLAN D'ACTION
POUR ÉLIMINER LES RISQUES

Risques identifiés	Probabilité P	Impact I	Criticité (P × I)	P D C A	PLAN D'ACTION		
					Attendus QUOI	Responsable QUI	Date QUAND
				P	Recherche des pistes de solutions, analyses causes effets Retenir un concept crédible		
				D	Pour mettre en œuvre la solution retenue correspondant au concept Limites de validité		
				C	Pour confirmer la pertinence de la solution retenue Assurance de savoir bien appliquer la solution		
				A	Pour pérenniser la solution retenue assurer la surveillance du maintien de la conformité et rester à l'écoute des clients		

Figure 42 – Élaboration d'un plan d'action pour éliminer les risques

© Groupe Eyrolles

6

Les coûts

DIFFÉRENTES DÉFINITIONS DES COÛTS DANS LES PROJETS

De quoi s'agit-il ?

Le but ici est de préciser les définitions des principaux types de coûts utilisés dans les projets.

Prix de vente d'un produit : prix souvent imposé par le marché pour un niveau de prestation donné et de qualité réelle ou d'image qualité.

Valeur client : c'est une estimation suite à l'analyse marketing de la valeur que le client peut accorder à une prestation.

Coût ou prix de revient du produit : il ne résulte pas du prix de vente moins une marge ni du résultat chiffré des actes industriels pour le concevoir et le réaliser ; au contraire, c'est une contrainte à respecter *a priori*.

Marge cible : marge ciblée au départ d'un projet. Une fois définie cette marge soustraite du prix de vente possible compte tenu du marché, il en résultera le prix de revient, qui est une des contraintes à respecter pour le projet.

Coût cible : ce sera la contrainte à respecter ; elle résulte du prix de vente possible compte tenu du marché moins le profit cible souhaité par la direction.

La valeur client d'une prestation : valeur que le client estime raisonnable pour une prestation donnée.

Ticket d'entrée : dépenses nécessaires pour permettre le lancement industriel d'un produit. Cela intègre les frais de conception, les investissements industriels et commerciaux. La partie industrielle comprend les outillages spécifiques pour réaliser le produit, les machines et bâtiments.

Coûts d'achats : prix convenu avec un fournisseur, qui précise la monnaie de référence, les conditions de livraison.

Coût de production hors amortissements : coûts d'achat plus les coûts de transformation sans tenir compte des amortissements liés aux installations industrielles.

Prix de revient de fabrication : coût de production en tenant compte des amortissements. Il peut varier en fonction de la quantité produite.

Frais de garantie : dépenses réalisées pour réparer les produits défectueux pendant une durée contractuelle.

Volumes prévisionnels : quantité de produit estimé vendable.

Coût global : utile pour mieux concevoir car il intègre tous les coûts correspondant au cycle de vie du produit.

À quoi cela sert-il ?

À mettre un projet sur un cercle vertueux, c'est-à-dire : le prix de vente d'un produit, les marges recherchées, les prestations offertes aux clients et les volumes (quantité de produit). La tentation est souvent grande de se fixer des volumes trop ambitieux qui nécessitent des prix de vente bas lesquels engendreront des marges faibles qui contraignent à offrir de faibles prestations… c'est le cercle vicieux à éviter.

À équilibrer les trois critères du triangle infernal : qualité, coût, délai.

À construire par des démarches « top-down », des objectifs cohérents de dépenses, de recettes, de rentabilité des capitaux investis. Soit encore à mettre en cohérence l'équation prestations/prix de vente/volumes.

À vérifier par des démarches « bottom-up » les performances réelles de l'entreprise à l'instant *t* et à terme puis à se comparer à la concurrence pour les produits finis, les composants, les procédés de fabrication, les temps de développement du produit.

Tous ces coûts servent au pilotage des projets avec l'aide d'indicateurs précis.

Dans le cas où le produit serait bien connu, le coût sera plus aisément fixé, mais s'il s'agit d'une innovation où le coût à l'instant *t* n'est pas acceptable il faudra piloter l'atteinte de la cible fixée comme le montre le graphe ci-dessous. Une trajectoire sera fixée avec un point de non-retour dès que la visibilité est satisfaisante.

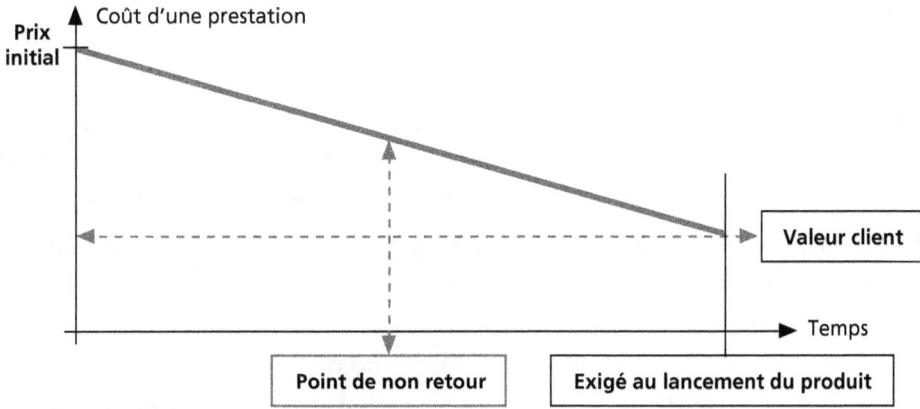

Figure 43 – Évolutions de coût d'une innovation

DESIGN-TO-COST

De quoi s'agit-il ?

Traditionnellement, un prix résulte d'une estimation de coûts plus d'un profit recherché. Le « design-to-cost » consiste à partir du coût objectif pour en soustraire le profit escompté et en déduire ainsi le prix de revient industriel.

Cette démarche doit se faire à partir de l'analyse fonctionnelle, qui définira les besoins du client, et il n'est pas question de la remettre en cause non plus que le niveau de qualité exigé.

Le *design-to-cost* est au coût ce que la démarche de sûreté de fonctionnement est à la qualité. L'esprit de ces démarches est d'autant mieux appliqué que l'on utilise le plan de convergence pour bâtir les résultats attendus afin d'atteindre la cible. En effet, à partir de la cible, on va définir en remontant vers l'amont les attendus pour atteindre cette cible.

Une grande partie du coût d'une pièce s'explique par le coût du process de fabrication, la logistique, les interfaces avec les autres pièces et, très souvent, dans une moindre mesure, dans la partie fonctionnelle au service du client. Il faut donc prendre garde à ne pas dégrader fortement le produit, pour avoir des gains faibles, mais au contraire à réduire son coût dans la partie non utile au client pour éventuellement enrichir la partie visible par le client.

Une variante consiste à rechercher une faisabilité avec un prix 20 % inférieur à la cible, ce qui contraint les techniciens à retenir l'essentiel et ensuite, après avoir constaté quelques faiblesses, à décider de mettre un peu d'argent uniquement sur ces points faibles.

En complément, il faut citer le lien évident qui existe entre l'analyse fonctionnelle externe et interne et l'approche *design-to-cost* : l'analyse fonctionnelle précise les services à rendre ou à offrir aux clients. Une comparaison du poids de ces services avec les coûts correspondants permet d'éliminer des dépenses inutiles et de mieux hiérarchiser le coût total fixé.

À quoi cela sert-il ?

Cette démarche sert à faire gagner le constructeur et son fournisseur, dans l'intérêt du client final. Elle nécessite transparence, professionnalisme et méthode pour atteindre la cible.

Exemples d'utilisation

Pour les innovations, l'approche 1 s'avère préférable : seul un coût technique existe comme base de départ. Pour les systèmes existants, l'approche 2 permet, par la mise sous contrainte initiale, de se séparer des mauvaises habitudes et oblige à se concentrer sur l'essentiel.

Cette démarche appliquée sur des innovations permet de diviser approximativement par trois les coûts d'origine et de respecter les coûts objectifs par une remise en cause permanente et transparente avec les techniciens du constructeur et du fournisseur.

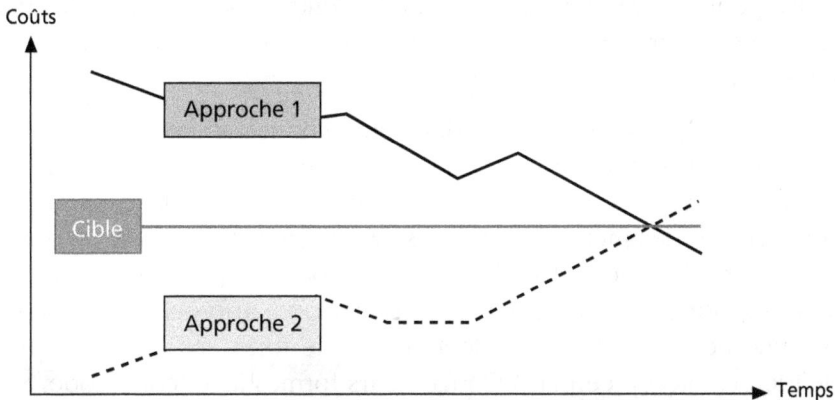

Figure 44 – Le *design-to-cost*

Sur des pièces traditionnelles, il arrive que des coûts soient réduits de plus de 30 % soit par action sur le dessin de la pièce, soit par action sur le process, comme nous avons eu l'occasion de le voir, en collaboration avec un fournisseur donné : un choix un peu sous-dimensionné sur une pièce avait été effectué pour respecter les objectifs de coûts. Par un examen attentif de solutions de concurrents ayant retenu une pièce plus largement dimensionnée, nous avons recherché les écarts de coûts. La comparaison a montré que la pièce sous-dimensionnée était plus chère de 30 % par rapport à la pièce surdimensionnée. Les motifs étaient que le fournisseur de la pièce surdimensionnée la fabriquait à une très grande quantité avec un process plus performant que notre fournisseur.

MAÎTRISE D'UN COÛT CIBLE AMBITIEUX

Pour maîtriser les coûts il existe, nous l'avons vu, des Méthodes et Outils comme l'analyse de la valeur ou le *design-to-cost* (page 128)

Ces méthodes ont vu leurs limites car elles ont été appliquées par des techniciens mis sous contrainte de respecter des coûts sans l'obligation de plaire aux clients, c'est-à-dire de prendre en compte les critères subjectifs de motivation d'achat. De plus elles négligent les innovations et les produits ainsi conçus sont souvent appauvris.

Les méthodes les plus efficaces font appel à une qualité d'analyse et à un savoir être pour mettre le client au cœur de l'entreprise plus qu'à des démarches précises. Pour comprendre la démarche citons préalablement deux exemples concrets.

Le premier exemple concerne un directeur qui, recherchant une réduction drastique des coûts, a posé la question suivante à ses collaborateurs : « par quelle méthode comptez-vous réduire les coûts ? ». Le réflexe immédiat est toujours d'utiliser des méthodes et outils. La réponse de l'un d'entre eux a été par l'analyse de la valeur. Un deuxième a répondu que cela n'avait jamais donné satisfaction car les ingénieurs refusaient cette approche. Un troisième a proposé une nouvelle méthode identique sur le fond, mais plus simple, qui marche bien car acceptée par 300 ingénieurs formés à cette méthode. Si c'est le cas, dit le directeur il faudrait démontrer l'efficacité de cette démarche par un exemple de réussite. Les groupes de travail de réduction de coûts ont été lancés. Au cours des premiers travaux il s'est avéré que les ingénieurs formés étaient incapables d'arriver aux résultats attendus par cette démarche.

Le deuxième exemple concerne un directeur d'un projet qui n'arrivait pas à obtenir le respect de la cible coût. En effet la compilation des coûts correspondants aux propositions techniques effectuées dépassait très largement l'objectif et l'espoir d'y parvenir semblait dans l'impasse. Par une analyse des comportements nous avons compris que :

- les ingénieurs se protégeaient par des surdimensionnements de solutions évitant toutes prises de risques ;
- le directeur de projet n'avait pas expliqué à chacun des métiers techniques concernés la nécessité de respecter cette cible dont le non respect conduirait à l'abandon du projet ;
- l'équipe d'une douzaine de cadres entourant le directeur de projet se sentait certes concernée mais ne s'était pas impliquée.

Ces deux situations démontrent que les ingénieurs étaient au service de la méthode et non à celui de l'objectif fixé qui est la base de l'efficacité d'une démarche projet et dans le deuxième cas ils préservaient leurs métiers au détriment d'une optimisation globale du produit.

Enfin, nous avons utilisé une approche plus pragmatique qui a consisté pour les responsables hiérarchiques métiers et projets :

- à communiquer l'objectif construit à partir de la concurrence et d'une exigence de rentabilité ;
- à rappeler la nécessité impérieuse de respecter cet objectif , faute de quoi le projet sera abandonné ;
- à permettre aux acteurs compétents de prendre des risques en les protégeant ;
- à organiser des réunions de travail où la prise de risque et le choix des opportunités sont faits collectivement dans le but d'aboutir à une optimisation globale du produit bien visible par les clients ;
- à animer particulièrement les interfaces entre les acteurs métiers et entre les fonctions du produit étudié car elles sont naturellement négligées du fait des organisations qui ne définissent pas suffisamment les frontières de responsabilités ;
- à coacher les acteurs, tout au long de la démarche, pour les mettre au service de l'objectif client fixé par le projet.

Et pour les opérationnels :

- à créer le maximum de « valeur client » au moindre coût c'est-à-dire supprimer tout le « gras » que les clients ne peuvent voir et au contraire enrichir ce qu'ils peuvent voir et qui constitue leur motivation d'achat ;
- à s'impliquer et pas seulement se sentir concerné. Rappelons avec humour la différence : « dans l'omelette au lard la poule est concernée et le cochon est impliqué » ;
- à accepter les contraintes source de créativité ;
- à utiliser les expériences des projets précédents ;
- à transmettre son expérience aux projets suivants.

En conclusion, c'est une démarche pragmatique, combinant harmonieusement contrainte, permission et protection des acteurs opérationnels.

INVESTIR C'EST UN PROJET DANS LE PROJET

Voici un exemple de plan d'action à piloter par un chef de projet chargé d'un investissement :

Des préalables

✔ Un retour d'expérience interne et/ou externe établi à partir des avis de chefs de projet précédents et de l'engagement d'acteurs associés à la décision, un *benchmarking*… confirment le bien fondé de l'investissement et/ou perfectionnent le dossier d'investissement.

✔ Une « check-list » du quoi et pourquoi investir avec les justificatifs associés confirme le bien-fondé de l'investissement et sa cohérence par rapport à la politique générale de l'entreprise.

✔ Les alternatives et les choix de ne pas investir sont chiffrées avec les conséquences sur la qualité, coûts et délais.

✔ Relation/ développement durable, aux compétences requises pour exploiter cet investissement (quantitatifs et qualitatifs) et les dépenses de maintenance associées à cet investissement.

✔ Le chef de projet s'engage sur le délai et le budget global.

✔ Le chef de projet **identifie les risques** de tous ordres et des dérapages en délai et en budget avec un plan de levée des risques associés.

✔ Un échéancier donnant un **contenu aux jalons techniques et financiers** est construit avec les acteurs compétents concernés.

✔ Les acteurs concernés par le processus décisionnel sont clairement repérés sans contestation possible (listes de signataires) comme par exemple l'utilisateur principal de l'investissement et l'acteur devant assurer la disponibilité des ressources financières.

✔ Le quoi et le pourquoi investir sont décrits en cohérence avec la décision à prendre. Le contrat est clair entre le chef de projet et sa direction.

La mise en œuvre

✔ Le dossier est soumis dans un ordre précis aux signataires pour engagement.

✔ Le chef de projet s'assure du respect des délais de signatures et apporte les explications complémentaires si nécessaire.

✔ Une fois les signatures obtenues le chef de projet réunit les acteurs chargés de l'application de l'investissement pour les informer des engagements pris qu'il faudra respecter absolument. Tous risques de dérives perçus par tel ou tel acteur doit lui parvenir sans délai pour mettre un plan de retour sur la trajectoire prévue.

✔ Un indicateur d'avancement des résultats techniques et non des tâches effectuées est établi avec un responsable nommé (utilisateur du produit ou de la machine nécessitant l'investissement).

✔ Un indicateur d'avancement des dépenses budgétaires est établi avec un responsable nommé (contrôleur de gestion).

Des contrôles

✔ Des revues de projet sont programmées pour comparer systématiquement les jalons techniques et financiers prévus par rapport au réalisé et si écart négatif entre prévu et réalisé construction de plan d'action de retour sur la trajectoire.

Pour acter le succès

✔ Le chef de projet confirme à la direction la bonne utilisation des ressources, le respect des décisions, la réussite du projet et un bilan précis et exploitable d'un « et si c'était à refaire ».

7

Les relations humaines

GÉRER UN PROBLÈME HUMAIN

De quoi s'agit-il ?

Manager un projet, c'est résoudre des problèmes techniques, financiers et humains. Les managers qui rencontrent un problème humain sont pressés de le résoudre – quoi de plus normal ? –, mais cela suppose de ne pas sauter des étapes essentielles, faute de quoi le problème va s'aggraver au lieu de disparaître.

Tous les échanges entre les hommes n'ont, dans une entreprise, qu'une seule finalité : être plus efficace ! Toute morale est non seulement vaine mais engendre de l'inefficacité. Cela n'exclut pas, bien sûr, de définir des règles préalables, en informant le personnel sur la nécessité de ces règles, cela facilitera la résolution des problèmes rencontrés en y faisant référence.

À quoi cela sert-il ?

Un entretien qualifié *a priori* de réprimande doit devenir un entretien de motivation. *Le oui franc et sincère à l'homme*, en opposition au *non à ce qu'il a fait* est le préalable à la motivation et à l'acceptation d'un plan d'action pour corriger le dysfonctionnement.

Lors d'un entretien, les faits précis sont requis : pas de « on m'a dit que » ou « il semble que ». Les seules références valables sont les règles de vie de l'entreprise et les objectifs du projet.

Quelques recommandations :

- garder son calme en toute circonstance, et calmer l'autre si nécessaire ;
- sourire, savoir relativiser le niveau de gravité ;
- poser des questions au lieu d'affirmer des faits imprécis ;
- se rappeler qu'un problème mal résolu en relations humaines se transforme souvent en deux problèmes ;
- l'auteur d'un dysfonctionnement étant le mieux placé pour le corriger, rechercher avec lui les solutions après avoir compris les raisons qui ont engendré le problème.

Exemple d'utilisation

Lors d'un dysfonctionnement, la première réaction est l'indignation, la colère, la volonté d'appeler l'auteur supposé et de traiter le problème par l'accusation de ce coupable présumé car, à l'image des rapports de forces, beaucoup pensent que la meilleure stratégie, c'est l'attaque ! C'est de cette façon que l'on engendre la démotivation et l'inefficacité des équipes.

Comment le mettre en œuvre ? Nous proposerons ici deux démarches d'entretien, après dysfonctionnement ou systématique, hors dysfonctionnement.

Démarche d'entretien directement après dysfonctionnement

✔ Récolter au préalable le maximum de faits précis.

✔ *Accueillir positivement* l'homme présumé coupable des faits négatifs par une poignée de main franche, un sourire, un bref rappel de situations positives vécues avec lui, autrement dit : *afficher un accueil positif à l'homme.*

✔ Rappeler les objectifs du projet ramenés au contexte et rapidement en venir à des faits précis sur la situation négative, autrement dit : *dire non à ce que l'homme a fait.*

✔ Lui demander ses propositions pour corriger le problème et non pas les justifications. « *Que proposez-vous ?* »

✔ Écouter, noter, réorienter éventuellement en précisant les attentes : *élaborer ensemble le plan d'action.*

✔ *Remercier l'homme.*

✔ Puis, ultérieurement, *contrôler l'application efficace du plan d'action.*

Figure 45 – Démarche pour entretien suite à dysfonctionnement

Démarche d'entretien systématique, hors dysfonctionnement

Relier les comportements aux compétences (figure 46) permet un échange fructueux entre un acteur et son hiérarchique. À partir d'un point de départ défini ensemble, chacun représente une flèche partant de cette position pour montrer son point de vue sur les progrès à accomplir. En cas de différences, comme constaté sur cette illustration, un débat s'installe avec pour objectif de mieux se comprendre et mieux progresser ensemble.

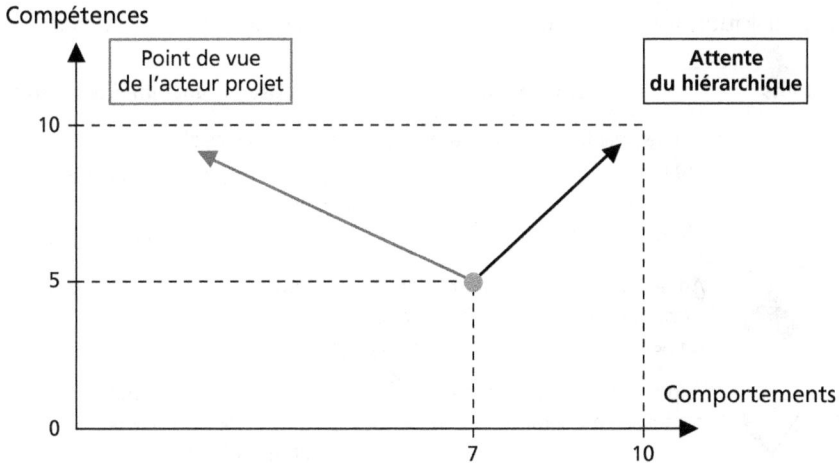

Compétences

Figure 46 – Graphe comportements en fonction des compétences

Les atouts d'une réunion

De quoi s'agit-il ?

On identifiera tous les comportements possibles en réunion, en y associant une carte à jouer, avec les caractéristiques correspondant à ces cartes.

Les atouts	Verbes associés	Usages pour un acteur projet
Joker	Animer, clarifier, ordonner, avancer, organiser	Pour fixer les objectifs Pour rechercher le consensus sur les objectifs Pour construire un plan d'action
Pique ♠	Affiner, aiguillonner, démolir, critiquer, stresser, déprimer, mettre sous tension la relation	À éviter
Cœur ♡	Approuver, stimuler, coopérer, consolider, encourager	Pour résoudre un problème humain, mais à utiliser à faible dose car devient négatif si excès
Carreau ♢	Mesurer, créer, suggérer, solutionner, appeler les compétences	Pour rappeler les objectifs Pour partir de faits concrets Pour utiliser une méthode de travail
Dos de la carte	Être neutre, Être passif, se taire Pesant	Pour écouter négatif si excès
Trèfle ♣	Amener des idées, bavarder, disperser, déconcentrer, animer un *brainstorming*	Pour rechercher des idées, pour nourrir l'équipe projet – mais devient négatif si excès

Figure 47 – Les atouts d'une réunion

À quoi cela sert-il ?

L'efficacité d'une réunion dépend de l'attitude de tous les acteurs et principalement du talent de l'animateur. Nous constatons que des attitudes précises sont à adopter dans certains cas.

En cas de crise individuelle ou collective, commencer à jouer à cœur pour montrer son attachement aux personnes, mais très rapidement réorienter la réunion, une fois la crise passée, vers des propositions d'idées pendant quelques minutes (trèfle) puis hiérarchiser ces propositions (carreau) et décider en montrant bien que cela résulte du collectif, que c'est le succès de tous (joker).

En cas de production d'idées excessives et désordonnées (trèfle), passer rapidement à une classification par une quantification (carreau) puis décider (joker).

En cas d'absence d'idées commencer par un encouragement (cœur) puis aiguillonner (pique), mais à faible dose, et compenser par des félicitations au premier succès partiel (cœur) puis repartir à un jeu au carreau et au joker.

En règle générale, les cartes trèfle et pique sont à éviter, comme le dos de la carte et les cartes recommandées sont :

- cœur, mais à faible dose suite à crise ;
- carreau, pour organiser et structurer ;
- joker, pour décider.

En plus de savoir quelle carte jouer dans une situation donnée, l'important est de savoir y jouer réellement. Une bonne maîtrise de soi passe par un jeu réalisé volontairement et perçu de la même manière par les autres. En effet si vous souhaitez jouer par exemple à cœur dans une situation conflictuelle et qu'après avoir joué les autres acteurs confirment que vous avez joué à pique, c'est la catastrophe !

Exemples d'utilisation

On s'en servira à de multiples occasions :

- pour des formations à l'amélioration des comportements en réunion et/ou dans un plateau projet. Dans ces formations il est constaté qu'un acteur joue à pique croyant jouer à carreau. La confirmation par l'animateur et ses collègues, dans un jeu sans importance, engendre des remises en cause importantes ;
- pour effectuer un entretien individuel avec un collaborateur qui a des difficultés de communication ;
- lors de réunions difficiles ;
- un simple affichage dans une salle de réunion permet déjà de constater des améliorations de comportement ;
- parfois comme formation préalable à la résolution d'un problème important ou dans une démarche de convergence (chapitre 9).

MÉTHODE D'AFFINITÉS D'IDÉES

De quoi s'agit-il ?

Cette méthode porte aussi le nom de méthode KJ, du nom de son inventeur, Kawakita Jiro, ou parfois Metaplan®, du nom de la société qui commercialise des formations et kits d'animation.

Cette méthode de travail en groupe, d'une durée de deux à quatre heures environ par sujet, se décompose en plusieurs phases (figure 48).

✔ Identification et partage d'une problématique par un groupe d'acteurs.

✔ Phase de *brainstorming* pour mettre tous les acteurs en situation de produire un grand nombre d'idées sans aucune censure.

✔ Demander à chacun des participants de remplir 5 Post-it, un par idée, avec une phrase claire (sujet, verbe, complément).

✔ Chaque Post-it est relu par l'animateur avec interdiction de contester mais exigence de clarification et réécriture si nécessaire à la compréhension par tous.

✔ Chaque idée est classée par colonne suivant l'affinité représentée ici par des couleurs identiques.

✔ Un vote peut, si nécessaire, être réalisé par Post-it ainsi classés pour identifier les points clés.

✔ Une synthèse est effectuée par colonne, elle est plus facile à réaliser après le vote.

Figure 48 – Démarche d'affinités d'idées

Cette méthode nécessite une disposition particulière des acteurs et de l'animateur pour être efficace. Voici la disposition recommandée :

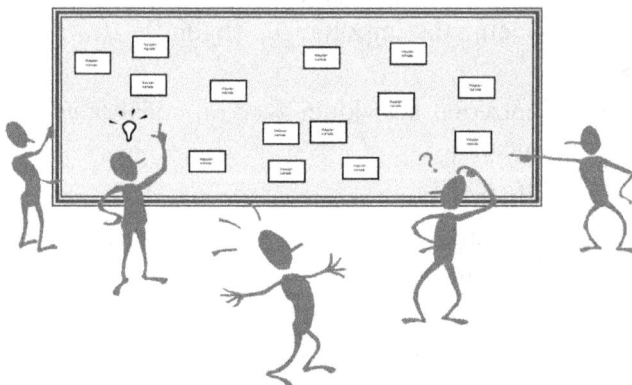

Figure 49 – Organisation du groupe de travail

La production du groupe de travail peut se mettre en forme par colonnes (*cf.* figure 50) ou en forme de marguerite (*cf.* figure 51).

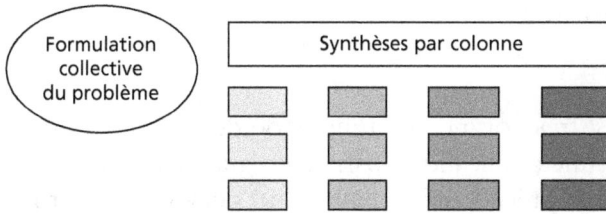

Figure 50 – Présentation en colonnes d'idées semblables

Des variantes de présentation telles que la marguerite peuvent s'avérer intéressantes, chaque pétale de la marguerite correspondant à une branche du diagramme cause-effet vu page 84.

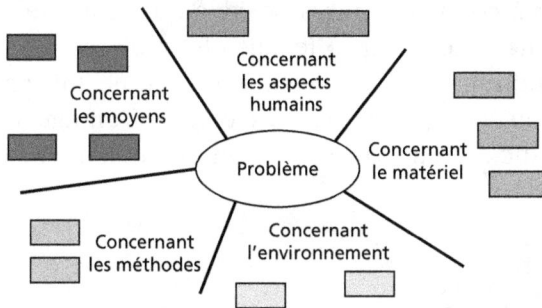

Figure 51 – Présentation Metaplan® en forme de marguerite

À quoi cela sert-il ?

Cette méthode permet de construire un plan d'action consensuel. À la fin de ce travail, le plan réalisé est le plan du groupe entier et d'aucune personne en particulier. Des divergences d'opinion peuvent subsister, alors un repère sous la forme d'un éclair est accroché au Post-it.

Exemples d'utilisation

On s'en servira par exemple pour :

- la construction collective d'un plan d'action pour résoudre un problème ;
- la création d'un consensus dans une équipe projet.

Pour en savoir plus

Abécédaire des techniques Metaplan. Comment conduire des discussions de groupe à l'aide des techniques Metaplan, Metaplan SARL, 1, rue du Ruisseau-Blanc, 91620 Nozay.

ABAQUE DE RÉGNIER

De quoi s'agit-il ?

Cette méthode est très voisine de la méthode des affinités d'idées et se caractérise surtout par une application possible en grands groupes de, 10 à 100 personnes, alors que la précédente se limite à 10 personnes environ.

C'est une méthode de réunion, assistée par l'image, simple à mettre en œuvre pour trouver un consensus sur un sujet donné.

Le principe est le suivant : les participants proposent individuellement des solutions pour résoudre un problème ou se limitent à donner leur avis sur des solutions proposées par d'autres acteurs. Une couleur traduit leur avis : le vert foncé, couleur à connotation très positive qui veut dire : « Je suis totalement d'accord. » Puis le vert clair : « Je suis plutôt d'accord. » Le rouge foncé, couleur à connotation négative, qui veut dire : « Je ne suis pas d'accord. » Le rouge clair : « Je ne suis plutôt pas d'accord. » L'orange caractérise l'avis mitigé. Enfin, le blanc : « Je ne sais répondre » et le noir : « Je ne veux pas répondre. »

À quoi cela sert-il ?

Par exemple, pour identifier comment maîtriser les objectifs de coûts fixés à une équipe projet, nous avons mis en œuvre ce type de démarche. Chacun des acteurs, y compris le directeur, a proposé 5 solutions différentes. Nous avons obtenu environ 60 expressions différentes. Un premier vote nous a montré le consensus sur une seule solution, laquelle provenait d'un acteur qui probablement n'aurait pas été écouté spontanément dans une réunion classique, et de plus il n'aurait même pas exprimé son idée. Un débat sur les autres solutions nous a permis d'arriver à 10 expressions consensuelles que n'aurions pas trouvé dans une réunion classique. En moins d'une heure par le jeu, l'image, les couleurs, nous avons obtenu une vision globale et partagée pour mettre en œuvre des actions de réductions des coûts.

Cet outil permet d'obtenir par un traitement informatique assez simple les images suivantes :

* le vote brut est représenté par la matrice n° 1 items/participants ;
* la hiérarchisation des votes par votants permet de vérifier le degré d'homogénéité des votants sur la matrice n° 2 ;
* la diagonale des consensus sur la matrice n° 3 ;
* le diagramme de Pareto des votes sur la matrice n° 4.

Une fois le premier niveau de consensus obtenu, il est possible, par animation du groupe de participants, de modifier chaque affirmation non consensuelle et de revoter pour augmenter le nombre d'items consensuels.

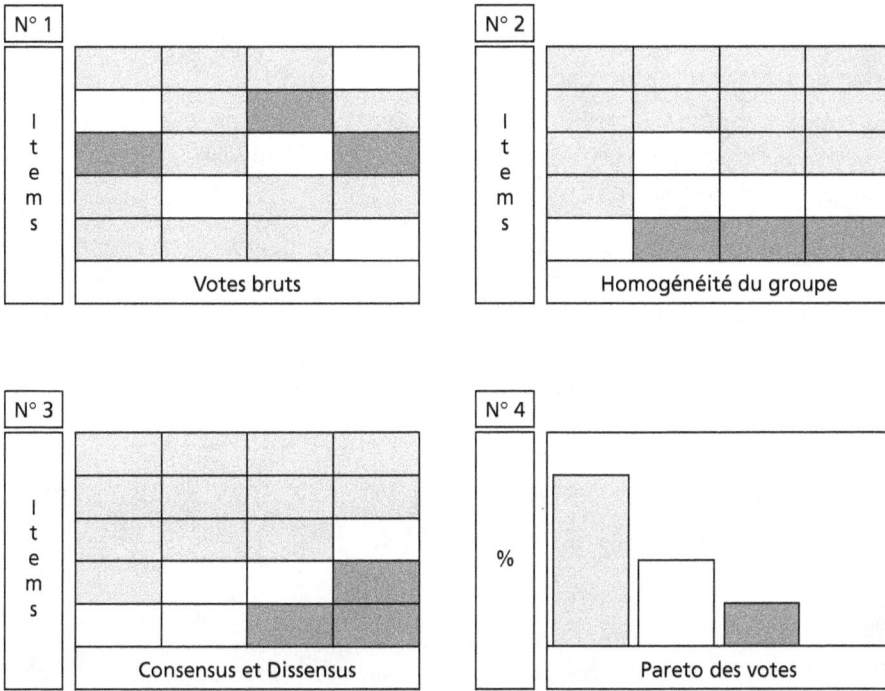

Figure 52 – Les images de l'abaque de Régnier

Exemples d'utilisation

Décider parmi un grand nombre d'actions.

- fixer des priorités ;
- hiérarchiser l'importance de solutions pour résoudre un problème donné (réduction des coûts, amélioration de la qualité, réduction des délais, etc.) ;
- identifier les comportements à faire évoluer ;
- préparer des choix stratégiques ;
- arbitrer des situations opérationnelles ;
- harmoniser des visions ponctuelles et globales.

NB : dans le livre cité en référence, l'auteur décrit de nombreux exemples, où, dit-il, « les divergences ne sont plus redoutées et deviennent même un levier d'efficacité créatrice ».

GÉRER LES COMPÉTENCES EN SITUATION DE PROJET

De quoi s'agit-il ?

Il s'agit ici de *construire une équipe projet homogène* par rapport à des compétences requises. La démarche (représentée sur la figure 53), consiste à :

- identifier les acteurs potentiels : A, B, C, D ;
- retenir les critères de sélection (première colonne citée en exemple) et remplir les cases par des notes de 1 à 5 suivant le niveau constaté (1 = très limite, 5 = expert sur ce critère).

Le tableau permet d'effectuer des additions à la verticale, pour retenir l'acteur le mieux placé, et à l'horizontale, pour repérer les ajustements nécessaires, en termes de compétences collectives, des formations ciblées, par exemple. L'évaluation de l'équipe, en bas à droite du tableau, résulte de la somme des évaluations divisée par la somme correspondant à une note maximale donnée à chacun.

↓ Critères de choix par rapport aux acteurs →	A	B	C	D	sommes
Capacité d'approche systémique ?	4	3	3	3	18
Capacité à innover ?	1	2	1	3	13
Capacité à écouter les autres ?	3	1	5	4	14
Capacité à arbitrer et à décider ?	4	1	4	4	15
Capacité à coopérer ?	1	1	4	5	15
Capacité d'intégrer les attentes client ?	2	1	3	2	13
Compétences reconnues, rôle défini ?	3	1	5	1	13
Évaluation des acteurs	*18*	*10*	*25*	*22*	*101*
Évaluation de l'équipe					*0,57*

Figure 53 – Grille de compétences pour définir un plateau projet

Il faudra également :

- *identifier les acteurs métier par fonction ou prestation* en relation avec ce plateau projet, y compris fournisseurs, par la construction d'organigrammes fonctionnels (page 176) ;
- *identifier les contributeurs,* par fonction et prestation, par la construction des plans de convergence où la compétence résulte à la fois de la capacité à identifier le résultat attendu, à l'obtenir, à savoir le prouver pour convaincre les autres acteurs du projet, enfin à respecter le délai convenu (page 189) ;

• *orchestrer la mise en scène des acteurs métier* en complément des contributions repérées dans les plans de convergence tout au long du projet par des contacts privilégiés lors des revues de projet.

Enfin, on pourra déployer des compétences collectives par une communication efficace ; une coopération entre les membres du plateau projet et entre projets et une formalisation et l'utilisation de retours d'expériences (pages 21, 47 et 146-156).

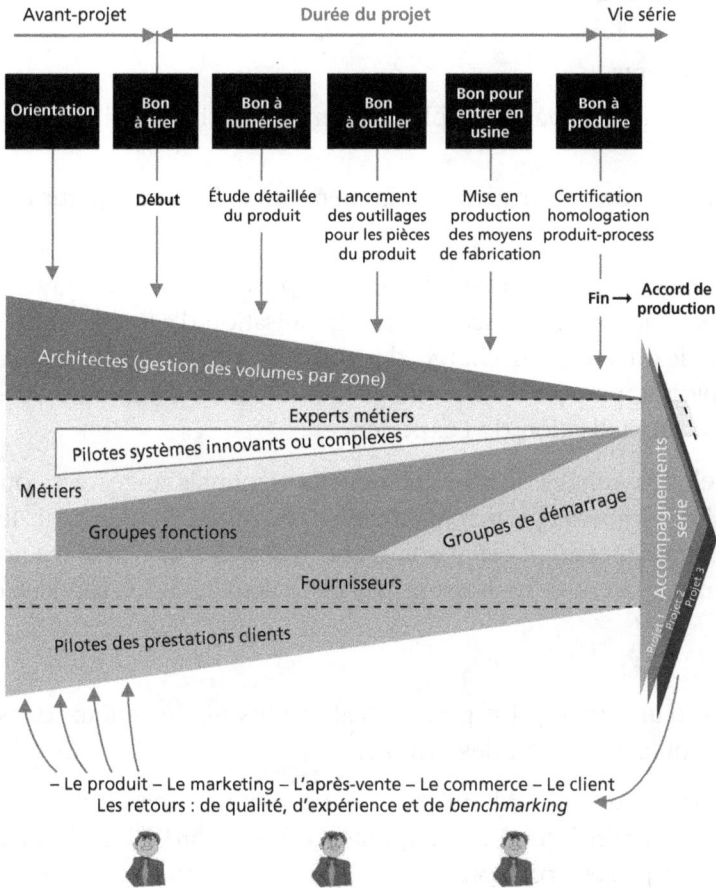

Figure 54 – Mise en scène des acteurs métier au service d'un projet

À quoi cela sert-il ?

À vérifier l'homogénéité du plateau projet.

À se repérer dans les métiers et quand (plan de convergence).

À orchestrer la mise en scène de tous les acteurs par le chef de projet.

ACCÈS À LA MÉMOIRE ÉCRITE DE L'ENTREPRISE

De quoi s'agit-il ?

La mémoire, c'est une partie du cerveau de l'entreprise, à ne pas confondre avec les archives. C'est avant tout :

- des hommes compétents, faciles à repérer et accessibles par rapport à une problématique ;
- des lieux où il se passe quelque chose à voir, pour être informé et/ou formé ;
- des événements ;
- des documents attrayants, lisibles et compréhensibles reliés à des hommes accessibles ;
- des processus de construction de la mémoire collective à partir des mémoires individuelles.

La construction de la mémoire d'une entreprise se traduit souvent par des incantations de leaders, des actions de capitalisation d'acteurs en fin de projet rejetées par les acteurs en charge du nouveau projet. D'autre part, sachant que le pouvoir appartient à celui qui sait, la tentation est grande de s'opposer à une bonne capitalisation de l'expérience.

Depuis quelques années, le management des connaissances est couramment appelé le KM, « knowledge management » ; toutefois, comme pour les démarches de la qualité totale, il est absolument nécessaire que tous les acteurs des métiers s'en emparent et ne laissent pas cette activité à des services centraux.

À quoi cela sert-il ?

La mémoire d'une entreprise permet d'aller plus vite et mieux dans les projets, en évitant la répétition des erreurs.

On peut considérer aujourd'hui, suite à de nombreuses études, que l'enjeu des retours d'expériences bien exploités est de l'ordre de 20 % de temps gagné dans un projet ; par conséquent, il y a une réduction des coûts d'ingénierie à laquelle s'ajoute la réduction des défauts perçus par les clients soit une incidence sur les profits des entreprises loin d'être négligeable. Une décision évaluée à 1 euro, si elle est prise au bon moment en amont du projet, peut coûter 10 euros en correction au stade des prototypes de certification et 100 euros ou plus en clientèle.

Manager un projet, c'est prendre des décisions. Même les acteurs les plus compétents ont besoin de retours d'expériences pour prendre de bonnes décisions, suivant l'expression de François Bloch-Lainé : « *Toute décision provient de la conjonction d'une compétence et d'une information.* »

Exemples d'utilisation

* rédaction de fiches de bonnes pratiques ;
* retours d'expérience formalisés en groupes de travail, au moment où on en a besoin, par des experts internes et externes ; cette démarche s'avère relativement simple à mettre en œuvre et efficace.

Ci-dessous, on propose un exemple de système de capitalisation globale. Cette figure explicite très bien que tous les métiers d'une entreprise sans exclusion sont concernés par la capitalisation de leurs expériences, pour les rendre disponibles aux acteurs des projets suivants.

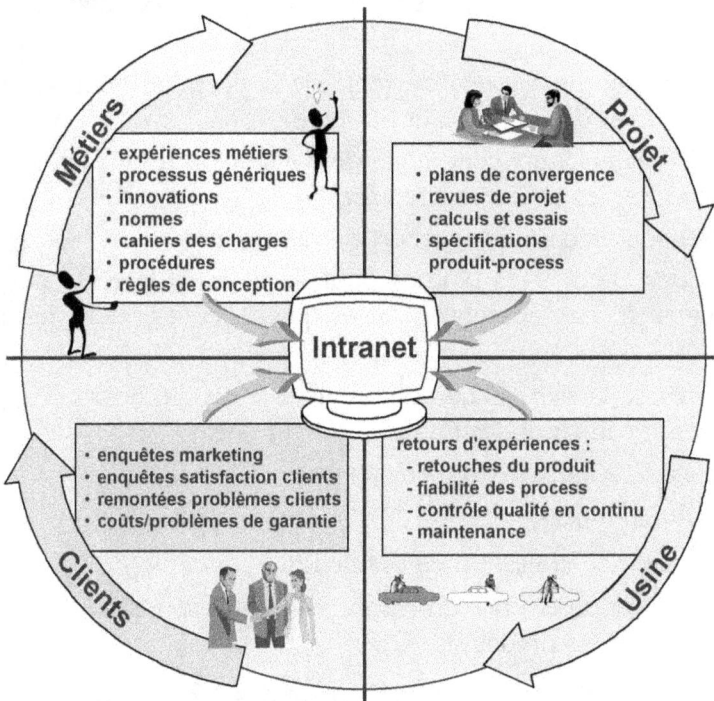

Figure 55 – Système de capitalisation

DU **KM** TRADITIONNEL AU **KM** ACTIF

De l'anglais *Knowledge Management*, soit « management des connaissances au service des projets ».

Dans toute entreprise la notion d'expérience, de bonnes pratiques et de leur capitalisation est une question de survie. Il va sans dire que les entreprises du secteur concurrentiel doivent être proactives en matière de management des connaissances en mettant en œuvre des stratégies efficaces leur permettant d'apprendre de leurs expériences passées et d'innover avec beaucoup d'opportunités et de risques maîtrisés. L'objectif ici est de rendre compte d'expériences de management des connaissances très opérationnel et pas seulement issues d'expériences passées. Cet objectif naît du besoin de faire évoluer les démarches traditionnelles de management des connaissances vers une logique plus centrée sur la « création de valeur pragmatique en situation de résolution de problème en groupe ».

La démarche traditionnelle peut se résumer par l'exploitation de règles structurées par :

- des croquis avec un énoncé de règle de conception définissant ce qu'il faut faire et aussi ce qu'il ne faut pas faire ;
- un contexte dans lequel cette règle de conception reste valable : en cherchant à préciser les limitations requises ;
- des conséquences d'un non-respect de cette règle ;
- des solutions alternatives bonnes pour le client, si la règle ne peut être appliquée avec écart en conséquences qualité, coût et délai par rapport à la règle ;
- des preuves de la pertinence de la règle à partir d'échecs ou de réussites antérieures et d'analyse des produits concurrents ;
- des auteurs de la rédaction de ces fiches ;
- de diverses références ;
- du responsable de la gestion de ces fiches ;
- d'une animation de la prise en compte par un responsable lors de revues de projet aux jalons prédéfinis.

Cette démarche traditionnelle de management des connaissances basée sur les expériences passées est source de faibles dépenses et est porteuse d'espoir de gain. Illustrons maintenant une nouvelle stratégie KM appliquée chez Renault, qui cherche à répondre à la question suivante : *de quelles connaissances a-t-on besoin pour résoudre notre problème ?*

Exemple d'une démarche complémentaire plus pragmatique

Le point de départ est toujours opérationnel : un besoin d'améliorer par exemple la qualité perçue des automobiles. Il s'agissait chez Renault d'éliminer les conséquences négatives dues aux frottements entre l'aile et le bouclier d'un véhicule.

La première expérience a été l'application directe d'un jeu minimum entre l'aile et le bouclier comme le souhaitaient les responsables de la qualité perçue. En raison des vibrations inévitables entre les deux pièces, il a été constaté, dans un premier temps, l'usure de la peinture sur l'aile, puis une apparition de rouille. De cette première expérience négative, Renault a cherché par le biais d'un projet de connaissance à améliorer le résultat perçu.

Par une approche traditionnelle du KM, il a été appliqué sur les ailes un autocollant transparent afin d'éliminer l'usure de la peinture et, par conséquent, l'apparition de la rouille. Ce retour d'expérience s'est ainsi révélé techniquement positif puisque le problème d'origine s'est trouvé résolu mais avec un surcoût dû à l'ajout d'autocollants transparents.

Dans une nouvelle approche KM, il a plutôt été question de s'interroger sur les besoins en termes de connaissances, existant ou non dans l'entreprise et d'apporter une réponse pérenne et immédiate au problème. Dans cette perspective, **la première question a été de se demander si les concurrents** avaient pour leur part apporté une réponse satisfaisante au même problème. Après investigation, les ingénieurs se sont rendu compte que deux concurrents avaient réussi à ne pas présenter les mêmes types de défaillance. Une étude plus approfondie a permis de conclure que la solution proposée par un de ces concurrents était bonne mais présentait des coûts plus élevés que ceux obtenus par la mise en place des autocollants transparents. *A contrario*, le deuxième concurrent disposait d'une solution extrêmement satisfaisante et à moindre coût. Cette dernière pouvait être retenue mais il fallait passer à une deuxième étape : mieux comprendre les astuces et réfléchir comment le valider dans le contexte Renault et de savoir le reproduire sans tomber dans des copies de brevets.

Au cours d'une dernière étape, des tests de vibration entre les deux pièces en mouvement ont confirmé l'excellence de la solution. L'exemple nous montre bien à quel point cette démarche de résolution de problème en groupe est très pragmatique.

La méthode consiste à repérer le besoin de connaissances, à construire l'équipe pluridisciplinaire *ad hoc*, et de mettre en œuvre un plan d'action.

Notons tout de même que ces deux approches restent complémentaires.

LE *LOBBYING*

De quoi s'agit-il ?

Le *lobbying* est une méthode qui se pratique pour inciter tous les acteurs et surtout les décideurs à jouer le même « jeu ». Le but, bien sûr, ne justifie pas tous les moyens pour y parvenir. Il est indispensable dans une équipe projet qu'un leader du projet entreprenne des démarches pleines de subtilité, d'incitations, d'écoutes, de motivation dans le but d'arriver à la convergence d'intérêts entre tous les acteurs. Toutefois, la nécessité d'arriver au consensus ne justifie pas un compromis médiocre.

Cette méthode amène, par un jeu d'influence progressif et partagé, les différents acteurs, leaders d'opinion et décideurs à se mettre en ordre de marche par rapport à un objectif stratégique.

À quoi cela sert-il ?

On se met ainsi d'accord sur les objectifs, les méthodes pour les atteindre, de façon à créer une dynamique projet sans freins.

Exemples d'utilisation

Pour la diplomatie : l'usage est connu du grand public sous un angle pas toujours flatteur, bien qu'il soit indispensable à la moindre efficacité dans les projets nationaux et internationaux des villes et des Régions.

Dans les entreprises : un repérage systématique des positions des différents acteurs, et en particulier des opposants, permet d'arriver à des convergences d'intérêts indispensables. La démarche de convergence (chapitre 9) est une démarche de *lobbying* pratiquée en réunion et qui doit souvent se poursuivre hors réunion.

Il en va de l'intérêt des entreprises, des projets et de leurs acteurs d'accepter ce fait. La recherche d'un consensus peut se faire en réunion comme la démarche de convergence ou l'utilisation de l'abaque de Régnier (page 142), elle paraît alors moins manipulatrice. Très souvent, elle se fait par des contacts deux à deux pour la totalité des opposants détectés ou potentiels, alors il existe un léger risque de manipulation, qui sera vite effacé par une officialisation de la décision dans une instance appropriée soucieuse de l'efficacité et où chacun peut donner en dernière limite son point de vue.

LA NÉGOCIATION RAISONNÉE DE **HARVARD**

De quoi s'agit-il ?

Le chef de projet passe une bonne partie de sa journée à chercher à obtenir satisfaction dans ses demandes. Son environnement lui propose des solutions souvent dégradées en terme de qualité, de coût ou de délais par rapport à ses espérances. Hélas, dans la gestion de projet, il n'y généralement pas de dépendance hiérarchique et donc l'impossibilité d'utiliser ce genre de pouvoir. Il ne reste alors que deux voies possibles pour obtenir satisfaction : soit demander le respect d'un contrat (planning contractuel, spécifications, procédures, ISO, engagements pris…), soit s'il n'y a pas de contrat : la négociation.

À quoi cela sert-il ?

Nous sommes en négociation chaque fois que nous avons une revendication, que l'autre résiste et qu'il peut soit refuser, soit donner une réponse dégradée. Dans l'entreprise un cadre de bon niveau passe en moyenne 65 % de son temps dans cette situation. Dans la gestion de projet, c'est près de 90 % du temps de travail du chef de projet. Le meilleur expert du monde ne réalisera pas à temps son projet s'il passe sa journée à essuyer des refus sur ses demandes.

La négociation est la méthode de base qui lui permet d'avancer en obtenant (plus ou moins) satisfaction.

Il existe de nombreuses méthodes de négociation. La plus classique dans l'entreprise est le marchandage : je demande beaucoup plus pour obtenir moins. Généralement, l'autre est choqué par l'importance de l'exigence et fait donc de même en sens inverse. On met ainsi en évidence un *gap* à combler. On presse l'autre, on fait des concessions, on joue sur la relation et l'accord est généralement pris après une perte de temps importante et une tension dans la relation.

La Négociation Raisonnée de Harvard est une méthode de négociation qui cherche à éviter le marchandage en posant des revendications raisonnables (on dit « objectives »), en développant une bonne relation et en obtenant rapidement un accord satisfaisant pour l'ensemble des parties en présence. Elle fait partie des méthodes dites « gagnant/gagnant ».

Elle a été formalisée à Harvard par deux professeurs de droit Fisher et Ury. Si vous cherchez toujours à obtenir le maximum au détriment des autres, cette méthode n'est pas pour vous.

Elle s'appuie sur **4 principes de base** :

- Se concentrer sur les intérêts en jeu et non sur les positions.
- Imaginer un grand éventail de solutions avant de prendre une décision.
- Exiger que le résultat repose sur des critères objectifs.
- Traiter séparément les questions de personnes et le différend.

Elle propose d'utiliser **7 principaux outils** en préparation :

1. La table des intérêts des participants à la négociation (et des absents quand ils comptent)

C'est une modélisation de ce qui importe vraiment à chacun (en dehors des positions prises qui n'en sont en fait que la manifestation bruyante). Les intérêts seront classés par importance décroissante. Ces tables serviront de pilote dans la négociation car on sait que le « oui » sera obtenu seulement si les intérêts prioritaires de chacun sont suffisamment nourris.

2. La table des critères

Je vais me présenter avec des revendications. Sur quoi puis-je les appuyer pour démontrer que ma demande est recevable ?

Quels sont les critères que va utiliser l'autre partie ? Puis-je les accepter ?

Chaque fois qu'un critère est accepté de part et d'autre, il devient « critère objectif ». Faire accepter des critères est une négociation dans la négociation (la « métanégociation »).

3. La table des options

En analysant les tables d'intérêt que peut-on imaginer pour satisfaire les intérêts majeurs des deux parties (ou plus) à moindre coût ? La création de valeur génère des options qui sont alors échangées durant la négociation (« et si... alors... »). Les échanges sont hypothétiques tant que l'accord final n'est pas pris (pour optimiser les gains en supprimant certaines options trop coûteuses).

4. Les MESORES (meilleures solutions de rechange)

Que vais-je faire si j'échoue dans la négociation ? Quelle est mon alternative ? Quelle est sa valeur ? Si elle est mauvaise, je n'ai aucun pouvoir dans la négociation.

Même raisonnement en se mettant à la place de l'autre. En fait, dans une négociation, le pouvoir des acteurs est celui de la valeur relative de leurs MESORES.

5. Mon système de communication

Quel est mon degré de connaissance du dossier ? Mes *a priori* ? De quelles informations ai-je besoin ? Quelles sont les questions à poser ?

Même problématique pour l'autre avec une conséquence directe : les questions qu'il va me poser. Dois-je y répondre ? Si oui, comment ?

Quelle méthode vais-je utiliser (reformulation, questionnement…).

6. La gestion de la relation

Avons-nous déjà été en contact ? Comment cela s'est-il passé ? A-t-il des *a priori* sur moi ?

Comment améliorer la relation ou la créer si nous nous rencontrons pour la première fois ?

7. Ma stratégie

Quels sont les enjeux ? (Une remise sur un canapé ? Ma carrière ? Ma vie ?)

Quels sont les objets à négocier ? (Objets = ce sur quoi nous chercherons un accord)

Quel pourrait être un futur radieux pour cette négociation ? le minimum acceptable avant rupture ? l'inacceptable ?

Serons-nous amenés à nous rencontrer de nouveau ?

La relation sera-t-elle tendue ou amicale ?

Est-il de type marchand de tapis ? Si oui mise en place d'un pare-feu pour ne pas polémiquer.

Organiser sa stratégie de façon souple pour s'adapter à l'inattendu. Ne pas rigidifier le déroulement de la négociation, mais s'assurer que tous les points que vous aviez prévus seront bien abordés.

Exemple réel d'application à la résolution d'un litige

Alain reprend en tant qu'ingénieur commercial la responsabilité d'un pays du Moyen-Orient. Il découvre qu'une compagnie pétrolière refuse de payer le solde (2 M$) d'une livraison de matériel de télécommunication. La compagnie jointe précise qu'elle perd quelques données en transmission et qu'elle attend qu'il résolve le problème pour payer le solde. Il y a un deuxième fournisseur (nettement plus petit) également impliqué. La direction technique d'Alain lui précise qu'elle a étudié le dossier, qu'elle répond parfaitement au cahier des charges et que ce n'est plus de son ressort mais de celui du contentieux.

Alain joint le petit fournisseur qui lui affirme la même chose. Alain comprend que le problème naît d'une incompatibilité de son matériel avec celui du petit fournisseur. Personne ne veut bouger : l'affaire va atterrir au contentieux avec le risque de perte du client (la MESORE d'Alain).

En traçant la table des intérêts, Alain réalise qu'à la place de la compagnie pétrolière il ne paierait pas le solde. S'il veut obtenir le paiement des 2M$ il doit résoudre lui-même le problème d'interface. Il achète de sa poche du matériel de faible prix pour remplacer le petit fournisseur, va sur place faire des essais, trouve la solution, la communique à la compagnie pétrolière (choix d'un troisième fournisseur) qui la valide, obtient satisfaction et paye les 2M$. Il reste à Alain à passer en note de frais (en trois fois…) ses investissements en matériel (800 €). La compagnie pétrolière félicite Alain de son efficacité et l'assure de revenir vers lui pour les besoins futurs.

Alain a bien appliqué les méthodes de la négociation raisonnée pour résoudre le litige, à savoir :

- Dépassionner le débat en analysant froidement le problème.
- Se mettre à la place de l'autre.
- Refuser de baisser les bras devant les difficultés qui s'accumulent.
- Investir du temps de résolution et de l'argent en fonction de l'enjeu (2M$).
- Accepter de prendre les problèmes des autres à leur place (puisqu'ils ne veulent pas bouger).
- Trouver une solution originale (le troisième fournisseur à bas prix).
- Ne pas chanter victoire car il n'a pas suivi les instructions de sa direction technique.

Les outils

Axes de Travail	Moi	L'autre
Assimilation des faits de base	Analyse de mon degré de connaissance du dossier : Mes zones d'ombre :	De quelles informations bénéficie t-il ? Ses zones d'ombre :
Ce qui importe vraiment dans cette négociation pour moi et lui	Mes intérêts intrinsèques : (toujours valides) Mes intérêts instrumentaux : (en relation avec cette négociation) Les hiérarchiser.	Ses intérêts intrinsèques : Ses intérêts instrumentaux : Les hiérarchiser.

Axes de Travail	Moi	L'autre
Critères	Sur quoi appuyer ma revendication ? Classer par ordre de préférence. Quelles preuves puis-je fournir ?	Sur quoi va t-il appuyer sa revendication ? Classer par ordre de préférence pour lui, pour moi.
Pour créer de la valeur et faire décider l'autre (option)	En s'appuyant sur ma table hiérarchisée des intérêts, que puis-je demander et apporter à l'autre ?	En s'appuyant sur sa table, que peut-il me demander, me proposer?
Ce que nous ferons chacun en cas de non accord (Mesores)	Que puis-je réaliser sans lui ? Que faut-il creuser ? Si ma mesore est supérieure à ma revendication, renforcer ma revendication.	Que peut-il réaliser sans moi ? Quelle piste va-t-il préparer ? Mes options sont-elles suffisamment attrayantes ? Comment les améliorer ?
Communication	Ce qu'il faut que j'apprenne de l'autre : Comment (stratégie de communication) ?	Ce qu'il va me demander. Que dois-je répondre ?
Relation	Analyse de l'historique de la relation : Mes *a priori* (croyances non vérifiées) Ma stratégie pour améliorer la relation ou la consolider :	Analyse de l'historique dans son environnement : Ses *a priori* Sa stratégie relationnelle probable : Comment y répondre ?
Stratégie	Mon futur idéal. Mon futur acceptable. Mon futur inacceptable. Mon organisation des chaînons pour parvenir à un futur désirable pour moi et acceptable pour lui. Mon environnement tolèrera-t-il mes et ses solutions ? Suspension de séance à prévoir ? Doit-on conclure de suite ou reporter ?	Son futur idéal. Son futur acceptable. Son futur inacceptable. Comment va-t-il certainement déployer sa stratégie ? Son environnement tolèrera-t-il mes solutions ? Veut-il conclure de suite ou reporter ?

Figure 56 – Grille utilisée par Gérard Thomas Conseil

RÉUSSITES OU ÉCHECS DE PROJETS

Il est fréquent dans le grand public de classer les projets d'échecs ou de réussites. Cela n'est pas si simple, prenons plusieurs exemples :

- Le livre *le prix de l'excellence*, les secrets des meilleures entreprises publié par InterEditions en 1983 écrit par Thomas Peters et Robert William.Toutes les entreprises excellentes du moment sont scrutées, analysées par ces auteurs pour comprendre les raisons de leur succès. Certes à la lecture de ce livre on ne peut qu'admirer les bonnes pratiques qui de toute évidence sont des clés du succès. Or, quelques années plus tard il est constaté que ces entreprises sont majoritairement en difficulté. Succès du livre, échec partiel des entreprises.

- L'Alliance Renault-Nissan : le pilote de cette opération Carlos Ghosn a trouvé les bons leviers inducteurs de la réussite et par une communication, une vigilance de tous les instants, un engagement personnel, un entraînement de tous ses collaborateurs, l'écoute de tous et principalement des clients, la présence sur le terrain, l'observation de la concurrence, la mobilisation des acteurs à tous les niveaux, et les retours d'expériences négatives du passé à savoir la fusion avortée avec Volvo il y a quelques années. Tout cela a contribué a créer le succès.

- Les nombreux échecs de fusions dans le domaine de l'industrie automobile comme par exemple BMW-ROVER ou FIAT-GM et bien d'autres. Après analyses de ces échecs il est plus ou moins facile d'en expliciter les raisons, mais le constat global que l'on peut faire est que l'expérience des autres est très mal exploitée.

- Le Concorde : réussite technique remarquable mais semi-réussite commerciale qui se transformera probablement en grande réussite commerciale avec L'A380.

Ces exemples nous montrent que toute évolution, tout changement est un projet et doit être managé comme tel avec rigueur en tenant compte des retours d'expériences et en ayant un objectif concret et approuvé de tous.

La réussite passe par un bon ancrage sur le passé, une vision du futur partagée qui entraîne tous les acteurs et la recherche de victoires rapides pour asseoir sa crédibilité.

Retour d'expérience

Considérer les alarmes suivantes

✔ L'enthousiasme excessif de décideurs ou de participants.

✔ De croire qu'il est inutile de formaliser un objectif car nous sommes d'accord agissons vite.

✔ Les concurrents le font déjà !

✔ Nous l'avons déjà fait !

✔ Écouter les signaux faibles de tous les acteurs.

✔ Un décideur unique :
- une équipe projet qui répond aux questions qu'on lui pose mais qui ne se pose pas de questions ;
- un atout comporte un risque ;
- nos forces ont des faiblesses et nos risques ont des opportunités.

Savoir remettre en cause par le fait de

✔ *Benchmarkings*.

✔ Rencontres de clients pour comprendre leurs attentes.

✔ Construire les plans d'action avec tous les acteurs du projet.

✔ Décider ou faire décider au bon niveau.

✔ La cible n'est jamais une tête d'épingle, la bonne cible se situe peut être aux limites.

Savoir prendre du recul

✔ Sans le paquebot *France, le Queen Mary 2* aurait-il été réalisé par les mêmes chantiers ?

✔ Un projet n'est jamais isolé, il fait partie d'un ensemble de projets.

✔ Un projet non rentable peut constituer l'élément d'une stratégie qui prise dans sa globalité est rentable.

✔ La pertinence et la rentabilité d'un projet ne peuvent s'évaluer que dans un ensemble et non en regardant chaque projet isolément.

✔ L'échec ou la réussite se mesure par rapport à l'objectif global et surtout à partir d'un intérêt particulier.

L'arrêt d'un projet c'est l'ouverture d'un chantier pour

✔ Communiquer et valoriser les acteurs qui ont contribué au projet.

✔ valoriser les résultats obtenus et les connaissances acquises.

✔ minimiser « la casse » en cas d'arrêt suite à un échec.

EXPERTISES TECHNIQUES AU SERVICE DES PROJETS

Par définition l'organisation projet se nourrit du consensus de ses acteurs. L'unicité, la solidarité du groupe est un des fondamentaux. Par opposition les expertises techniques sont guidées par la vérité scientifique. Tout produit ou machine complexe utilise plusieurs technologies simultanément, en conséquence les experts de chacune de ces technologies ont le souci d'optimiser en qualité et coût les matériaux pour les uns les prestations clients pour les autres et d'autres encore cherchent à éliminer certaines nuisances comme le bruit. La gestion optimale de toutes ces expertises est par définition contradictoire. Pour l'efficacité du projet un débat doit s'installer et les décisions les plus équilibrées sont à prendre. Nous constatons souvent :

- un certain désarroi de directeurs de projets peu techniciens ;
- une volonté de décider sans gérer les « conflits » entre expertises qui émanent de la technique de la part des directeurs de projets.

Ceci n'est pas très efficace, les experts portent également une grande responsabilité. Il n'y a pas d'autres solutions pour les experts que de gérer ensemble et globalement leur « conflit » d'intérêt. Le rôle du pilote de projet est essentiel dans ce domaine, lui seul a intérêt à rechercher un consensus entre les expertises afin de proposer une décision à ses collègues de l'équipe projet.

Au cours du projet de fusion qui a avorté entre Renault et les automobiles Volvo, une des raisons analysées est que le projet de plate-forme commune était dominé par les experts de Renault qui géraient leurs conflits au grand jour devant les équipes de Volvo habituées à rechercher le consensus *a priori*. La confiance n'était pas au rendez-vous. Renault a maintenu sa position d'experts débattant sans relâche devant une équipe Volvo consensuelle, plus managériale et refusant de s'intégrer dans les débats pour des raisons diverses (langue, refus de domination Renault, moins d'expertises techniques, une culture différente). La conclusion a été l'échec des deux parties, à l'instigation de Volvo, qui a maintenu son consensus pour s'opposer à toutes les expertises Renault, qu'elles soient techniques, économiques et stratégiques.

En conclusion les expertises seront efficaces si elles sont gérées pour rechercher le consensus afin de s'inscrire plus naturellement dans les décisions des projets.

Comment mettre en œuvre un travail en réseaux d'expertises ?

Pour arriver à cet objectif il faut une animation transversale indépendante des organisations métiers ou projets.

Le choix des sujets doit se faire sur tous les domaines d'expertises :

- À risque (lié à un trop petit nombre d'acteurs compétents ou à leur départ en retraite).
- Repérés faibles dans les projets en cours ou suite à l'analyse des retours qualité clients.

Une méthode préalable après un *lobbying* indispensable pour faire adhérer tous les acteurs concernés :

- Organiser un groupe d'experts, spécialistes et acteurs concernés des différentes directions impliquées.
- Faire parrainer ce groupe par un directeur de projet client de ce progrès recherché.
- Lancer le groupe de travail par une note signée au plus haut niveau et la diffuser largement.
- Coacher ce groupe comme un directeur de projet coache ses équipes. Dans ce cas la recherche d'un progrès significatif est le livrable de ce groupe qui va travailler en mode projet sur un contenu technique précis.
- Construire un état des lieux par des diagnostics sur le terrain, des retours d'expériences, des *benchmarkings* pour se positionner par rapport à la concurrence.
- Proposer un objectif ambitieux cohérent avec la stratégie de l'entreprise.
- Bâtir le plan d'action (quoi, qui, quand) pour arriver à atteindre ces objectifs.
- Rechercher une victoire rapide.
- Mettre en cohérence les moyens humains, compétences, budgétaires.
- Piloter l'obtention des résultats.
- Rendre compte aux bons niveaux.
- Et Inlassablement recommencer !

Une preuve de succès ? Je citerai l'amélioration incontestable de la reconnaissance perçue par les experts et spécialistes après de tels chantiers.

8

Le management des revues de projet, la communication, le *reporting*

COMMUNIQUER EN SACHANT ALLER À L'ESSENTIEL

De quoi s'agit-il ?

Pour communiquer en situation de projet, la communication orale avec des supports est la plus fréquente. Nous limiterons cette fiche à cet aspect.

Les quatre phases de la démarche PDCA sont à prendre en compte :

Préparez-vous bien :

- En analysant la situation :
  - La communication se fait de qui (moi) vers qui (les autres) ?
  - Pour quel objectif ?
  - Quel est le contexte ?
- En recherchant la cohérence :
  - entre « ce que je veux dire » et « ce qu'attendent les autres ? »
  - entre « mes arguments » et « leurs objections ».
- En identifiant l'essentiel, c'est-à-dire être capable de faire en six minutes l'exposé d'une heure. Cela nécessite d'identifier les trois points à dire absolument, puis d'identifier les compléments absolument nécessaires si le temps le permet et/ou si des questions sont posées.

Faites l'exposé :

* Annoncez votre objectif, là où vous voulez aller ou ce que vous voulez démontrer dès l'introduction.
* Développez ensuite vos trois points essentiels en argumentant par des informations complémentaires et cohérentes avec le temps dont vous disposez ou en suscitant des questions pour la fin.

Important : ne pas oublier au cours de l'exposé des trois points essentiels d'ajouter des références. Trois familles de références sont possibles :

* la physique : pour montrer votre raisonnement d'ingénieur ;
* des exemples concrets : pour montrer que vous êtes un acteur sur le terrain, à des exemples tirés de la concurrence ;
* une histoire, une anecdote à raconter : pour montrer que vous regardez, vous écoutez, vous analysez, vous savez prendre du recul par rapport aux événements.

Vérifiez si vous avez été bien compris : lors de la conclusion, rappelez les points forts très brièvement et suscitez des questions pour des compléments d'informations.

Assurez-vous de l'efficacité de votre exposé : assurez-vous que vous avez été compris par le type de questions posées, les décisions prises et posez-vous la question suivante : « Et si c'était à refaire ? » pour noter les points à améliorer pour d'autres exposés.

Comment identifier les points essentiels ?

On identifiera les points essentiels par une méthode d'organisation des idées telle que la démarche des affinités d'idées (page 140) ou l'abaque de Régnier (page 142), ou à l'aide de démarches simplifiées comme explicité ci-dessous.

Le schéma d'organisation des idées se construit selon les étapes suivantes :

* clarifier son objectif, le définir ;
* écrire son objectif au cœur d'une page blanche de format A3 ;
* écrire les idées qui vous viennent spontanément sur Post-it ;
* classer les idées par colonnes ;
* hiérarchiser les idées par colonnes en fonction de leur importance ;
* synthétiser chaque colonne pour constituer les différents paragraphes avec les arguments hiérarchisés.

Les bonnes attitudes pour exposer :

* *un bon* contact : un exposé doit être vivant, didactique, dynamique ; contrôler sa nervosité et éviter les mots parasites (heu…) ;
* *une voix* suffisamment forte, éviter un débit constant et monocorde pour préférer des silences et des variations d'intonation ;
* *des attitudes* positives comme le regard des interlocuteurs, des gestes de la main, une aisance.

À quoi cela sert-il ?

Communiquer en organisation de projet, c'est apporter une valeur ajoutée qui permet de créer du consensus et ainsi une dynamique positive et propice à la prise de décision. La vie en projet est faite d'échanges permanents à tous niveaux dans des contextes différents. Prenons un exemple de projet d'une durée de trois ans : cela fait environ six cents jours de travail, au cours desquels un acteur projet aura à faire prendre des décisions qui sont des verrouillages. La qualité de son travail ne se mesure pas en sueur ou en tâches effectuées, mais en verrouillages obtenus grâce à la qualité de ses propos ayant engendré l'adhésion de ses collègues.

Pour en savoir plus

Effectuer des stages de formation à la communication pour s'entraîner et, avant toute présentation, réaliser une préparation en groupe en se critiquant mutuellement afin de corriger ses principaux défauts.

SUPPORT POUR UNE DÉMARCHE PROJET

De quoi s'agit-il ?

Le tableau ci-dessous mis au format A0 est un excellent outil d'aide au travail d'une équipe projet, principalement dans les projets réalisés dans les écoles d'ingénieurs.

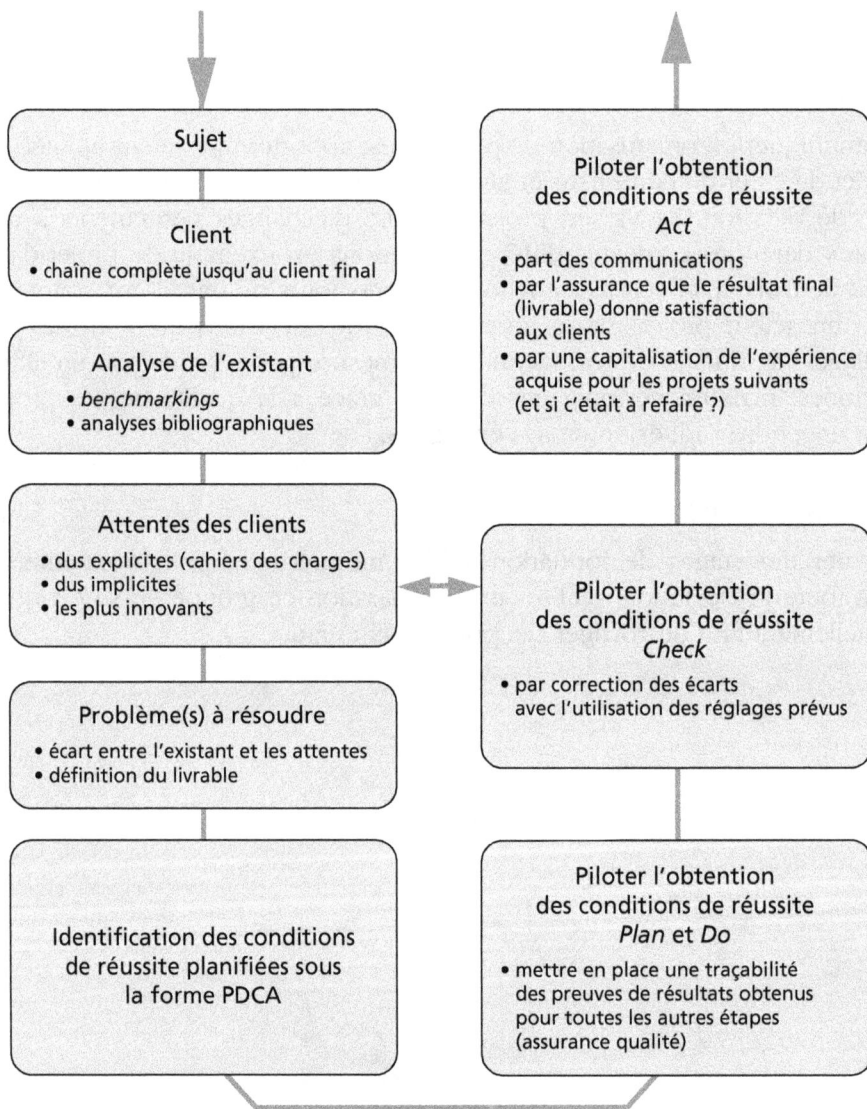

Sujet

Client
• chaîne complète jusqu'au client final

Analyse de l'existant
• *benchmarkings*
• analyses bibliographiques

Attentes des clients
• dus explicites (cahiers des charges)
• dus implicites
• les plus innovants

Problème(s) à résoudre
• écart entre l'existant et les attentes
• définition du livrable

Identification des conditions de réussite planifiées sous la forme PDCA

Piloter l'obtention des conditions de réussite
Act
• part des communications
• par l'assurance que le résultat final (livrable) donne satisfaction aux clients
• par une capitalisation de l'expérience acquise pour les projets suivants (et si c'était à refaire ?)

Piloter l'obtention des conditions de réussite
Check
• par correction des écarts avec l'utilisation des réglages prévus

Piloter l'obtention des conditions de réussite
Plan et *Do*
• mettre en place une traçabilité des preuves de résultats obtenus pour toutes les autres étapes (assurance qualité)

Figure 57 – Support de pilotage pour une équipe projet

Ce tableau est construit en forme de V ; il décrit le PDCA d'un projet vu en page 70. La première colonne concerne la préparation, la deuxième, le pilotage, c'est-à-dire l'obtention de tous les résultats attendus explicités dans le plan PDCA des conditions de réussite, ou plan de convergence vers le livrable au client (chapitre 9).

Citons les liens avec les autres pages de ce livre :

- l'analyse de l'existant et l'usage des expériences (pages 21, 47 et 146-149) ;
- la formulation des attentes client par l'analyse fonctionnelle externe (page 76) et la méthode QFD (page 100) ;
- la construction du plan PDCA des conditions de réussite, plan de convergence (chapitre 9) ;
- le pilotage du projet par l'obtention des résultats attendus (page 209) ;
- les preuves de résultats (page 187) ;
- la capitalisation de l'expérience (pages 21, 47 et 146-149).

À quoi cela sert-il ?

Ce support de pilotage servira :

- d'aide mémoire des fondamentaux à respecter dans une démarche projet ;
- à rendre visible le déroulement du projet pour tous ;
- à exposer à tout partenaire l'avancement du projet.

Exemples d'utilisation

Ce type de support est appréciable pour le pilotage d'un projet dans une école ou dans l'industrie. Un format A0 collé au mur est régulièrement enrichi des avancements du projet. L'illustration ci-après en donne un exemple.

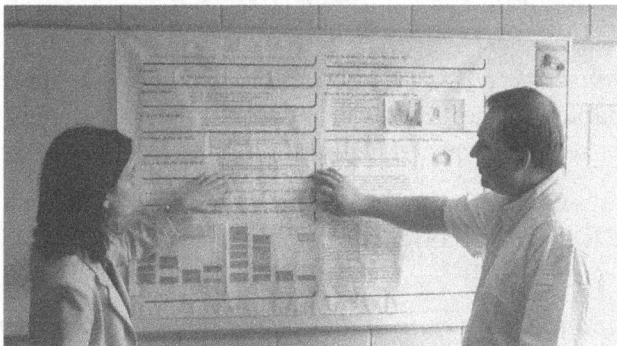

Figure 58 – Exemple d'application pour les projets de l'école d'ingénieurs Ensiame de Valenciennes

REVUES DE PROJET

De quoi s'agit-il ?

Les revues de projet constituent des moments privilégiés d'échanges entre tous les acteurs. Le but précis de ces réunions est de verrouiller l'avancement du projet par l'assurance d'avoir obtenu certains résultats et d'identifier les résultats suivants à obtenir pour rester sur la trajectoire prévue en termes de qualité, coût et délai. Les verrouillages sont des preuves de l'obtention d'un résultat précis. Comme nous l'explicitons dans tout le chapitre 9, les acteurs confondent trop facilement les résultats obtenus avec les tâches réalisées ! Un enchaînement de tâches utiles confiées à cinq opérateurs ayant chacun bien travaillé ne suffit pas à justifier l'excellence du résultat final attendu, ceci suivant la formule : 90 % × 90 % × 90 % × 90 % × 95 %, qui font 62 %, conformes à l'attente des clients.

Les revues se font à intervalles réguliers de la journée, de la semaine ou du mois, en fonction des phases du projet ou de l'existence de situations de crise. Bien que les jalons soient définis dans le scénario du projet et constituent les cibles les plus importantes, le management en continu est une des conditions du succès. Les revues de projet sont plutôt des réunions entre les jalons pour en assurer le passage dans de bonnes conditions.

Trop souvent, les réunions de projet se limitent à rechercher des solutions aux problèmes avérés, faute d'avoir anticipé une véritable gestion des risques. Il est donc indispensable de *faire un point sur les risques* comme sur les problèmes rencontrés et d'enrichir les plans de convergence d'attendus supplémentaires pour éliminer ces risques (chapitre 5). La gestion des opportunités et des innovations est incontournable pour l'efficacité d'un projet, et la démarche est identique à la gestion des risques. De plus, il existe des *aléas pour lesquels une grande réactivité est nécessaire* mais dont le traitement est identique à un risque.

Des comportements différents sont indispensables : citons le fait que les explications interminables sur ce que les acteurs ont fait sont souvent inutiles et il est préférable de se limiter au résultat obtenu et aux preuves associées.

Un bon réflexe systématique du chef de projet, en cas de difficultés, est de se demander : Que font les concurrents ? Comment les autres projets ont-ils résolu les problèmes ?

Les indicateurs qualité, coût et délai du tableau de bord et les plans de convergence permettent de mesurer les écarts par rapport aux objectifs. Ils constituent donc la base du pilotage lors des revues de projet. Suite à ces revues, les divers documents visuels sont à mettre à jour et à communiquer et/ou à afficher pour l'information de tous. Une communication importante est nécessaire en amont et en aval de ces revues.

À quoi cela sert-il ?

À donner une représentation partagée, une vision semblable du projet et de ses objectifs au sein de l'équipe.

À écouter par une mise en commun des informations, et à réagir aux signaux faibles en les transformant en risques ou opportunités à gérer.

À soutenir une coopération efficiente entre les membres de l'équipe.

À permettre le droit à l'erreur, tout en dénonçant la répétition des erreurs, ce qui serait condamnable, et à rappeler que la seule solution attendue est une correction immédiate et collective de l'erreur.

À gérer les risques, aléas et problèmes avérés par des actions correctrices, en identifiant les nouveaux résultats à obtenir avec les dates d'obtention et les contributeurs.

À faire le point sur l'avancement du projet et à vérifier l'existence de preuves suffisantes et enregistrées pour chacun des résultats obtenus.

À confirmer les passages des jalons en relation avec la direction de la qualité et la direction générale pour permettre la phase suivante dans de bonnes conditions.

À mobiliser les acteurs pour la suite par :

- la satisfaction, en veillant à l'intérêt du travail ;
- l'implication, en procurant des opportunités d'apprentissage ;
- la motivation, par la prise en compte des individus.

À favoriser une communication efficace à tous les niveaux.

À permettre d'apprendre collectivement de l'expérience.

À cibler des aides ponctuelles sur le terrain pour la résolution de problèmes complexes, donc à donner des bouées aux acteurs projet pour éviter des noyades.

À motiver par des manifestations appropriées pour célébrer des succès.

Au cours des revues, le chef de projet est un véritable chef d'orchestre pour la mise en scène, la motivation et la cohésion des acteurs vers l'objectif. Sa qualité principale est de savoir écouter les acteurs. En référence à l'ouvrage cité ci-dessous, il faut une impression de paresse pour engendrer le dynamisme et non un excès de dynamisme, qui engendre la perplexité.

Créer des indicateurs, le tableau de bord d'un projet

De quoi s'agit-il ?

Le tableau de bord d'un projet, composé de nombreux indicateurs, est un outil essentiel au management – l'excès d'indicateurs est aussi préjudiciable que l'absence, il faut veiller à sa pertinence. Chacun des indicateurs doit respecter un certain nombre de critères (mentionnés dans la *check-list* de la figure 59, page suivante).

Tout bon indicateur comprend :

- un état chiffré à un instant *t* donné ;
- une cible chiffrée et datée ;
- une trajectoire pour atteindre cette cible.

Un responsable est nommé pour chaque indicateur, *a priori* un acteur qui peut facilement accéder aux données pour en assurer les mises à jour. De plus, il doit garantir la validité des données par sa compétence et son impartialité.

Toute dérive par rapport à la trajectoire nécessitera un plan d'action pour y revenir.

Le choix des indicateurs est à effectuer collectivement en fonction de la nécessité perçue par les acteurs du projet et en respect des exigences de la direction. Un affichage systématique aux endroits les plus appropriés est absolument nécessaire pour obtenir l'efficacité recherchée et éviter toute bureaucratie.

À quoi cela sert-il ?

Tous les types d'indicateur en conception ou en fabrication servent à visualiser rapidement les points forts et les points faibles soit d'un processus soit d'un résultat requis à respecter. Ils permettent la prise de décision. Tout écart engendre un plan d'action correctif.

Trop souvent, dans les entreprises, la pertinence des indicateurs n'est pas vérifiée et l'on constate comme corollaire un management n'utilisant pas le tableau de bord réalisé.

Exemples d'utilisation

La *check-list* de la figure 59 permet d'apporter aux indicateurs le minimum de pertinence et de robustesse pour en faire un tableau de bord projet simple et efficace. Chaque indicateur proposé est à vérifier en répondant par oui ou par non à toutes les questions puis en donnant soit la preuve de la pertinence du oui, soit un plan d'action pour transformer une réponse non en oui.

Cet outil permet de retenir les critères essentiels à la qualité d'un indicateur.

N°	Questions à se poser pour créer un bon indicateur	Oui / Non	Plan d'action si Non
Pour que l'indicateur serve			
1	Pouvez-vous préciser le domaine d'application de cet indicateur ?		
2	Connaissez-vous l'objectif de cet indicateur ?		
3	Pouvez-vous expliciter le type d'aide pour décider quoi ?		
4	Connaissez-vous la valeur cible à obtenir ?		
5	Peut-on faire des comparaisons avec la concurrence ou avec des projets précédents ?		
Pour qu'il soit facile à documenter			
6	Avez-vous identifié le ou les responsables des mesures à effectuer ?		
7	Avez-vous déterminé une périodicité ?		
Pour qu'il soit simple et clair			
8	Avez-vous testé la compréhension ?		
9	Avez-vous rédigé une procédure d'obtention ?		
Pour qu'il soit approprié par les acteurs concernés			
10	Le gestionnaire de l'indicateur est-il identifié, capable d'accéder aux données et impartial ?		
11	Connaissez-vous les utilisateurs ?		
12	Avez-vous rédigé une présentation ?		
13	Avez-vous communiqué abondamment et régulièrement ?		
14	Avez-vous diffusé l'indicateur accompagné de la présentation ?		
15	Êtes-vous assuré de l'adhésion des acteurs ?		
Pour qu'il soit pertinent			
16	Vous êtes-vous assuré de la pertinence de l'unité de mesure ?		
17	Êtes-vous assuré qu'il n'y a pas de confusion dans l'interprétation des données ?		
18	Le coût d'obtention de l'indicateur est-il acceptable et cohérent avec les enjeux ?		
19	Le temps d'obtention de cet indicateur est-il acceptable et cohérent avec les prises de décision correspondantes ?		
20	Les variables mises en évidence sont-elles suffisantes ?		

Figure 59 – *Check-list* pour construire un indicateur

LES INDICATEURS

En vol aux instruments, un pilote d'avion n'observe en permanence que 4 instruments et de temps en temps seulement les autres. Si un indicateur lui semble faux, il saura le vérifier en regardant d'autres indicateurs pertinents.

Figure 60 – Tableau de pilotage d'avion

Pour les projets nous utilisons de même le terme de pilotage, et par conséquent ne négligeons pas ce que peut nous apprendre le pilotage sans visibilité des avions.

Dans un management de projet il est arrivé de constater 25 indicateurs ! soit si nombreux que le pilotage se faisait sans regarder les indicateurs, ce qui est fâcheux.

Après réflexion sur les indicateurs pertinents nous sommes arrivés à retenir 7 indicateurs au lieu de 25 ! dont 3 d'entre eux étaient gérés par le chef de projet et les 4 autres par chacun de ses adjoints.

Trop d'indicateurs, sont souvent non pertinents, cela crée plus de brouillage que de visibilité. Un indicateur pertinent régulièrement mis à jour est un bon moyen pour :

- Communiquer vers les décideurs.
- Mieux comprendre la situation.
- Décider.
- Éviter les ambiguïtés.

Penser à construire des indicateurs croisés entre deux métiers. Citons l'exemple d'un indicateur technique de l'efficacité de radiateurs de refroidissement des moteurs géré par les ingénieurs, et un autre indicateur sur les coûts géré par l'acheteur de ces radiateurs. Les deux acteurs projet ont décidé ensemble la construction d'un indicateur croisé pour les différentes technologies et fournisseurs. Nous avons immédiatement observé qu'une technologie était peu efficace par rapport à son coût. De plus, nous avons constaté qu'un fournisseur des trois technologies se positionnait systématiquement au meilleur ratio coût / performance et un autre préférait le meilleur ratio performance / coût. Cette observation a permis des décisions judicieuses et des échanges intéressants y compris avec les fournisseurs.

Penser à vérifier simultanément plusieurs indicateurs avant de prendre une décision. Nombreuses sont de mauvaises décisions prises à partir d'un indicateur faux.

LA CULTURE DE L'ENGAGEMENT DONNÉ

De quoi s'agit-il ?

L'efficacité dans un projet passe par des réunions décisionnelles où certains acteurs prennent des engagements. La crédibilité et l'efficacité passent par le respect de ces engagements en matière de qualité des réponses, des résultats attendus, des délais promis, pour les coûts souhaités. Pour toutes dérives constatées lors de l'action, il faut en informer immédiatement le directeur du projet, qui pourra prendre immédiatement les mesures qui s'imposent.

À quoi cela sert-il ?

On respectera ainsi plus facilement les objectifs qualité, coût et délai fixés dès le début du projet. Le projet est un collectif fait d'engagements réciproques. Sans engagements, il n'y a pas de solidarité, de confiance, de motivation et d'esprit d'équipe.

Exemple d'utilisation

Dans de nombreux cas, nous avons pu constater une attitude personnelle irresponsable face à cette attente collective. Avant une revue de projet en présence d'un directeur général, nous avons constaté qu'un résultat promis n'était pas conforme au plan établi. Connaissant le contributeur, doté d'une excellente réputation pour la qualité de ses prestations et le respect des délais, nous lui avons téléphoné pour essayer de comprendre le problème. Oh surprise ! Il nous informe que le résultat est obtenu ! Nous l'informons de notre étonnement car le plan d'avancement ignore ces résultats. Il avoue avoir omis de répondre au pilote, dont il doute de la valeur ajoutée. Nous le remercions de cette information et téléphonons au pilote en lui demandant s'il a appelé le contributeur de résultats avant ou au plus tard à la date de son engagement, le jour où le plan a été réalisé. Il confirme ne pas avoir rappelé le contributeur.

En conclusion, si le pilote ne s'engage pas à piloter et ne le fait pas réellement et, de plus, si le contributeur ne respecte pas non plus son engagement, il en résultera une visibilité insuffisante et les excellences individuelles seront vite anéanties par une absence de pilotage. Le pilotage est un métier. Seul le collectif piloté peut donner un bon résultat. De tels dysfonctionnements entraînent des surprises tardives, du stress dans les équipes dirigeantes et une perte de crédibilité des expertises individuelles, qui se traduiront par des démotivations et un sentiment de non-reconnaissance.

9

Les méthodes et outils
de convergence

LES MÉTHODES ET OUTILS DE CONVERGENCE AU SERVICE
DE L'INGÉNIERIE DES SYSTÈMES

Dans un passé récent, nous pouvions décomposer un grand système en des fonctions relativement indépendantes les unes des autres. Actuellement, nous rencontrons des systèmes complexes principalement décomposables en sous-systèmes.

Tous ces sous-systèmes sont imbriqués entre eux par des interfaces de plusieurs natures, et notamment techniques, dont les prestations peuvent être antagonistes. On peut citer, par exemple, l'électronique de plus en plus présente dans tous les systèmes pour assurer une prestation supérieure à celle du système mécanique seul.

Ainsi, la rédaction de processus sous la forme d'organigramme de tâches est aujourd'hui mise à rude épreuve car laborieuse et, à peine achevée, déjà obsolète. De plus, lorsqu'un résultat attendu est clair, on constate que la tâche prévue initialement n'est plus adaptée ou insuffisante. Ce qui est le plus important dans un projet, c'est de *pouvoir visualiser en permanence la globalité des résultats obtenus par rapport aux résultats à obtenir et d'identifier facilement sa contribution personnelle par rapport aux autres acteurs.*

Avec la complexité des systèmes, l'heure est à l'écriture de processus moins administratifs que les organigrammes de tâches. La démarche de convergence explicitée et illustrée plus largement dans les pages suivantes répond à cette attente et est essentielle pour une ingénierie des systèmes complexes et innovants.

Construire un tel plan consiste à identifier la chaîne des conditions de réussite suivant un échéancier précis, en cohérence avec des engagements d'acteurs internes et externes – comme les fournisseurs.

Au cours des pages suivantes, nous verrons différentes façons de construire un plan de convergence, les règles de pilotage de ces plans et comment conserver la traçabilité des preuves de résultats.

Le plan de convergence est par excellence l'outil de pilotage *réalisé par tous* pour respecter les objectifs et contraintes du projet en cours. Il doit être *amélioré et visible en permanence par tous* les acteurs du projet.

Ces nouvelles démarches exploitées au mieux sont d'une grande opportunité et d'une très grande efficacité – déjà démontrée depuis trois ans pour l'ingénierie de systèmes complexes et innovants.

Suivant la figure 61 ci-dessous en complément des prestations attendues par les clients décrites page 88.

Nous développerons successivement :

- l'organigramme fonctionnel du projet pour repérer les acteurs ;
- comment intégrer leurs préoccupations ;
- une méthode pour donner confiance ;
- les changements culturels impliqués par la démarche de convergence ;
- la construction de scénarios logiques pour cadrer le projet ;
- la notion de résultats et de preuves d'obtention de ces résultats ;
- la construction d'un plan de convergence ;
- enfin, le pilotage d'un plan de convergence.

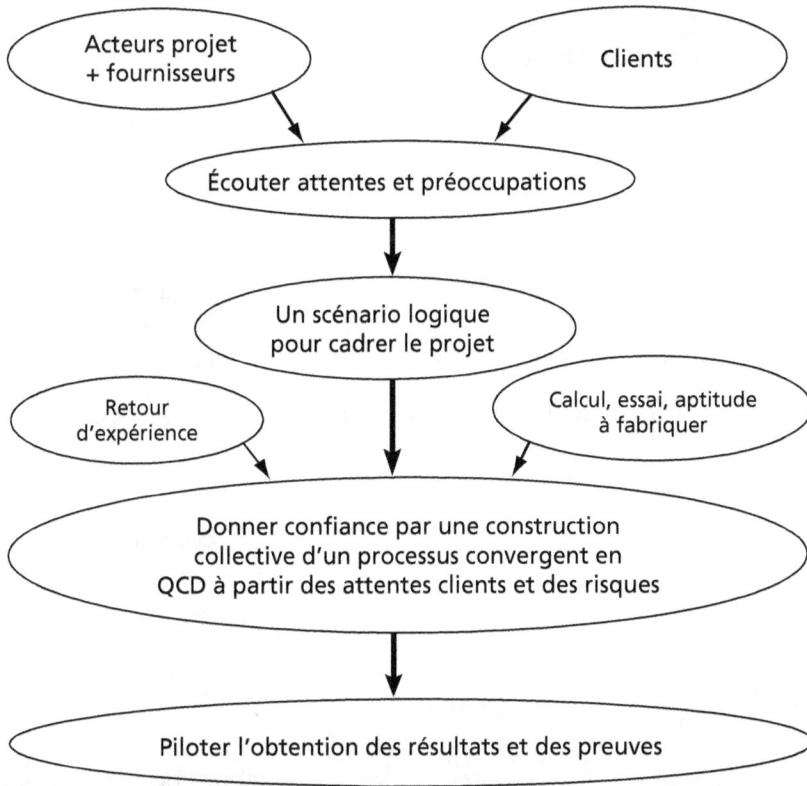

Figure 61 – Méthode de convergence

ORGANIGRAMME FONCTIONNEL DU PROJET
POUR REPÉRER LES ACTEURS PROJET

De quoi s'agit-il ?

Il s'agit de construire un organigramme pour identifier directement le bon interlocuteur dans la conception du système à étudier.

Le bon management des hommes passe par la reconnaissance de ces personnes. Reconnaître, c'est d'abord afficher qui sait, qui a les compétences, qui contribue à la résolution des problèmes, au travail en équipe. Une parfaite visibilité des contributions de chacun des collaborateurs est nécessaire.

Pour cela, il faut promouvoir la transparence et l'identification des acteurs qui ont ou auront à contribuer, à quels résultats et avec quelles preuves que ces résultats sont obtenus.

Cet organigramme est un préalable indispensable à la construction d'un plan de convergence pour recenser les acteurs concernés.

À quoi cela sert-il ?

À organiser un projet en collaboration avec un ou plusieurs partenaires fournisseurs.

À repérer et mettre sous les projecteurs les vrais acteurs pour leur donner le pouvoir nécessaire à la réussite. Ce sont eux qui font !

À visualiser les différents acteurs concernés par une contribution.

À mieux repérer les oublis éventuels d'acteurs.

À piloter une innovation, pour réaliser en collaboration avec plusieurs entreprises ce qu'aucune ne saurait faire toute seule.

Exemples de mises en forme

Le premier point est d'identifier le pilote et le comité de pilotage du projet. Pour les autres acteurs du projet l'organigramme peut se dessiner sous des formes différentes (trois colonnes ou trois cercles concentriques ou trois ellipses semblables aux systèmes atomiques) représentant les acteurs tels que les donneurs d'ordre, souvent appelés spécificateurs, les experts, les fournisseurs et les relier aux livrables du projet.

Tous les liens entre acteurs peuvent se repérer par des flèches mais rapidement le schéma peut devenir illisible. L'essentiel est de visualiser tous les interlocuteurs à polariser sur les livrables du projet.

Comité de pilotage

Pilote du système

Livrables

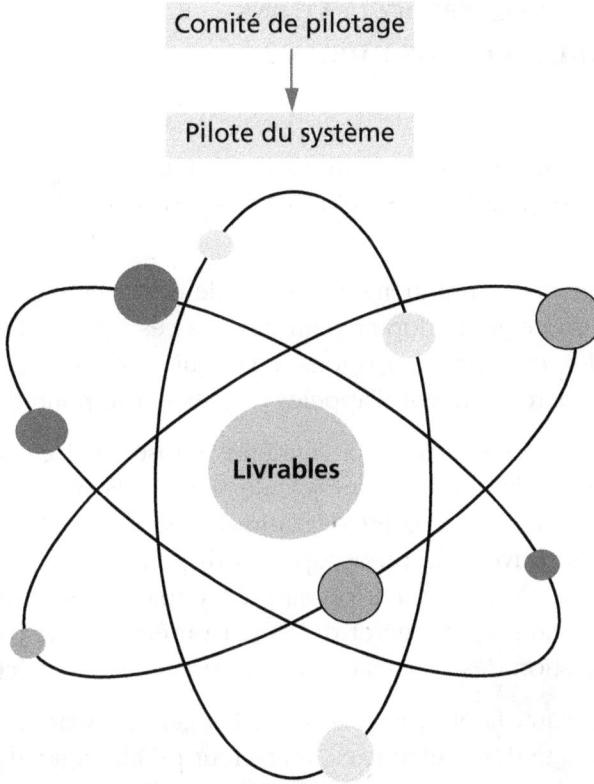

Exemple de légende :

▭ Les spécificateurs qui réalisent les plans du système à industrialiser

▭ Les experts qui assistent tous les acteurs

▭ Les fournisseurs

Figure 62 – Principe d'un organigramme fonctionnel du projet

COMMENT INTÉGRER LES PRÉOCCUPATIONS DES ACTEURS PROJET, SIGNAUX FAIBLES ?

De quoi s'agit-il ?

Les signaux faibles sont les préoccupations des acteurs d'un projet, ressentis différemment selon les sensibilités, les formations, les vécus. Il ne faut surtout pas les négliger.

Le fait de parler en projet uniquement de problèmes avérés ou de risques n'est pas la bonne stratégie à adopter pour repérer ces signaux faibles. Il est préférable de parler de « préoccupations », ce qui permet d'identifier des points que les acteurs refuseraient d'appeler risques et qui pourtant en sont.

Chaque acteur projet est soucieux de quelque chose en fonction de son expérience et de sa position dans le projet. Rechercher la phrase qui correspond le mieux à ce signal faible est déjà une forme de résolution du problème. En effet, très souvent, la préoccupation disparaît par l'échange entre les acteurs, et cela est très positif. Parfois, la préoccupation est amplifiée, plus nette et devient un vrai risque à gérer qui aurait pu être oublié par les voies traditionnelles de gestion des risques explicitées précédemment (chapitre 5).

Pour extraire les signaux faibles, les classer et les gérer, l'Abaque de Régnier (page 142), avec l'usage des couleurs, est un facteur psychologique de premier ordre. La méthode des 5 pourquoi (page 95) et celle des affinités d'idées (page 140) permettent, elles aussi, de bonnes approches sur les cas simples, avec un nombre d'acteurs réduit.

À quoi cela sert-il ?

On vise ainsi la gestion des risques du projet, en évitant qu'en cas de problème on dise à un collègue devant la machine à café : « Je le savais, mais on ne m'a pas écouté. »

La plus grande richesse d'une entreprise n'est pas ses machines mais ses collaborateurs, dont il faut utiliser au mieux les compétences. Beaucoup d'acteurs ont l'impression de ne pas être employés au mieux de leurs possibilités. Nous pensons que la raison primordiale est le manque d'écoute « dirigée ». Nos expériences dans ce sens ont montré que les collaborateurs en retirent fierté, reconnaissance et plus de dynamisme.

L'efficacité d'une entreprise et d'un projet se mesure par l'efficacité du personnel et sa capacité à anticiper plus qu'à contrôler ou à résoudre des problèmes avérés. Malheureusement, peu de responsables s'impliquent dans ces méthodes de gestion des risques et des signaux faibles car ils se concentrent sur les problèmes avérés, nombreux, faute d'une gestion par anticipation. Il en résulte que les acteurs ne peuvent pas tirer de gloire dans cette phase amont des projets, ils iront donc naturellement là où ils ont une chance de se mettre en lumière dans l'action : la résolution des problèmes avérés, problèmes d'autant plus rapidement traités que les acteurs les subodoraient et les attendaient comme un chasseur, le gibier.

Exemple d'utilisation

Il nous est arrivé d'animer une équipe de direction d'usine à partir des préoccupations de tous les acteurs principaux, interviewés sur le terrain. Puis d'animer un séminaire avec les 25 acteurs concernés pour bâtir avec eux les attendus solutionnant ces préoccupations, en précisant les contributeurs et les dates nécessaires pour l'obtention de ces résultats. Nous avons alors fait les constats suivants :

- Chacun des acteurs a agréablement vu ses préoccupations prises en compte avec beaucoup de professionnalisme et de solidarité par tout le groupe.

- Certains acteurs, au début agacés, disaient-ils, par de fausses préoccupations, ont changé d'attitude lorsqu'ils se sont trouvés en situation de présenter leurs solutions et qu'elles étaient refusées par le groupe avec de bons arguments. Après quelques minutes de débat, des solutions consensuelles ont été retenues et approuvées par le poseur de la préoccupation, qui s'estime pris en considération et remercie ses collègues pour leurs excellentes solutions et leurs engagements à donner les résultats correspondants.

- Le directeur a vu ses collaborateurs sous un jour différent et a été parfois surpris de certaines préoccupations qu'ils ignoraient comme : « Pourquoi la maintenance des robots est-elle assurée par le fournisseur ? » Le débat a montré qu'un fournisseur avait imposé son point de vue et que le collaborateur victime pensait que c'était une décision de la direction des achats, en accord avec la direction de l'usine. Nous rappelons alors les fondamentaux, à savoir : comment s'organiser pour une maintenance efficace, réactive et à moindres frais ? La décision étant collective et évidente, cela soulage le collaborateur poseur de cette préoccupation. Il devient positif, motivé, compris et soutenu par sa direction.

Après ce séminaire, l'attitude des personnes a changé, plus de confiance et d'efficacité s'est installée, la solidarité s'est renforcée. Pour l'animateur, la meilleure récompense a été, hormis le remerciement du directeur de l'usine, l'expression de la reconnaissance des acteurs et leur plus grande confiance pour la réussite de leur projet.

MÉTHODE POUR DONNER CONFIANCE

De quoi s'agit-il ?

Une logique toute simple consiste à rechercher des modes de verrouillage d'un projet en allant du plus simple au plus compliqué, du moins cher au plus cher, du plus rapide au moins rapide.

Le verrouillage consiste à donner des résultats tels que le projet ne sera plus comme avant.

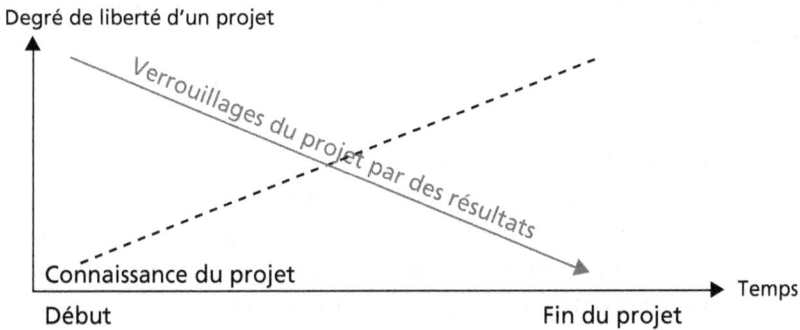

Figure inspirée du livre de Ch. Midler, *L'auto qui n'existait pas.*

Figure 63 – Le croisement des connaissances et des verrouillages

Comme le montre le graphique de la figure 63, les connaissances augmentent au fur et à mesure que le projet avance, alors que les degrés de liberté, qui étaient de 100 % au début du projet, tombent à 0 en fin de projet. Cette décroissance correspond en tous points à la démarche de convergence.

Pour donner ces résultats de verrouillage du projet et engendrer, résultat après résultat, la confiance optimale, il faut respecter une logique :

- donner prioritairement les résultats stratégiques ;
- donner des résultats sur les facteurs physiques influents du premier ordre avant les résultats secondaires ;
- passer du plus simple au plus compliqué ;
- donner des résultats concrets assortis de preuves ;
- exploiter les retours d'expérience avant de commencer ;
- calculer avant d'essayer ;
- utiliser des moyens de simulation simples et peu coûteux avant les compliqués et coûteux.

Concrètement, pour un projet, cela veut dire respecter la logique suivante :

- *exploiter les retours d'expérience* négatifs ou positifs, appels aux experts internes ou externes, essais de produits concurrents ;
- *dimensionner par des calculs et essais simples* en appoint ;
- *confirmer par des essais complexes et globaux,* avec, en cas de difficultés, des calculs pour comprendre certains problèmes.

Ces trois étapes respectent en tous points la citation de Léonard de Vinci : « Les sciences qui ne sont pas nées de l'expérience, mère de toute certitude, et qui ne se terminent pas en expérience confirmée sont vaines et pleines d'erreurs… »

À quoi cela sert-il ?

On pourra ainsi comprendre qu'un acteur projet peut engendrer de la méfiance auprès des décideurs s'il utilise des activités complexes et coûteuses dès le départ du projet. Cela est d'autant plus vrai que ces activités peuvent donner de la fausse confiance, tout simplement par erreur. Une cohérence entre l'expérience, un calcul et un essai va donner plus de confiance.

Cette logique servira de guide pour rechercher, dans cet ordre, les catégories de résultats attendus et ainsi constater qu'il faut accéder à beaucoup de résultats avant de rechercher les résultats issus d'activités complexes, coûteuses et longues à mettre en œuvre.

La confiance vue par l'acteur d'une action résulte du fait d'obtenir l'autorisation d'une dépense importante pour lui permettre d'agir, alors que, vue par le client, elle résulte d'un résultat important obtenu pour un faible coût, qui l'encourage à investir davantage pour avoir encore plus de confiance.

Dans les projets, l'excès de confiance dès le premier résultat positif est un risque important. Il faut se souvenir qu'une hirondelle ne fait pas le printemps… et qu'il faut être autant sur ses gardes avec les bonnes comme les mauvaises nouvelles !

Exemples d'utilisation

Pour la construction des plans de convergence de validation, le fait de se poser les questions dans cet ordre est très efficace et évite d'oublier systématiquement les retours d'expérience.

Pour en savoir plus

Voir la construction des plans de convergence, page 189.

LES CHANGEMENTS CULTURELS IMPLIQUÉS
PAR LA DÉMARCHE DE CONVERGENCE

De quoi s'agit-il ?

Méthode pour mieux travailler en équipe pluridisciplinaire dans les projets, la démarche de convergence consiste à identifier les conditions de réussite : les chaînes de résultats attendus à obtenir de la part d'acteurs précis à des dates logiques entre elles permettant d'aboutir au livrable du projet ou résultat final.

C'est une démarche permanente de « task-force », mise en place dès le début du projet, sans attendre les problèmes avérés en fin de projet. Elle permet de faire prendre conscience que la planification des tâches à réaliser à partir des traditions est inadaptée dans la grande majorité des projets. Les affirmations comme « le planning démontre que c'est impossible » sont fausses et une seule question doit se poser : *Quelles sont les conditions de réussite pour... ?*
C'est un retournement complet de la gestion ordinaire des affaires !

À quoi cela sert-il ?

* *Construire un processus* très rapidement.

  La démarche de convergence permet d'élaborer un processus qui donne confiance car :
  – il est construit collectivement et rapidement avec les personnes compétentes ;
  – il permet de visualiser la chaîne des résultats attendus pour résoudre un problème en identifiant le livrable ;
  – il positionne chacun des résultats dans le temps ;
  – il précise le nom de chaque contributeur et son engagement ;
  – il affecte à chaque résultat un degré d'importance, et si nécessaire son coût d'obtention ;
  – il visualise l'avancement par des indicateurs pertinents ;
  – il permet un pilotage en continu et collectif.

  Ainsi, la démarche de convergence se concrétise par la construction de la trajectoire qui mène au résultat final. Comme cette trajectoire comporte plus de résultats attendus au début qu'à la fin, nous l'avons appelée « de convergence » vers le résultat final attendu souvent appelé livrable du projet.

* *Changer les comportements* : passer d'un comportement d'employé à un comportement d'intrapreneur, suivant le descriptif ci-joint.

Approche « employé » :

– espérance qualité et espérance de coût ;

– traitement des problèmes avérés ;

– gestion de projet par le stress ;

– le planning démontre que c'est impossible ;

– « on » ne travaille qu'avec les fournisseurs de premier rang.

Approche « intrapreneur » :

– sûreté de fonctionnement et *design-to-cost* ;

– traitement des risques par anticipation, avec des plans d'actions pilotés ;

– gestion du stress pour être plus efficace ;

– le délai est imposé par le client, donc quelles sont les conditions de réussite pour le respecter ?

– nous travaillons en conception avec tous les fournisseurs de premier plan, qu'ils soient de rang 1, 2 ou 3.

Cette démarche fait émerger des connaissances inter-métiers et provoque parfois l'étincelle géniale. Elle ajoute des idées nouvelles inattendues à l'expérience. Le plan construit est plus riche que la somme des plans d'excellence de chacun des métiers. Pour construire ce plan, et en particulier les retours d'expérience, nous constatons une excellente identification des savoirs tacites et de tous les savoir-faire. Les signaux faibles émis par le « terrain » sont exploités. Enfin, les échanges internes et externes, en particulier avec les fournisseurs, sont très bien structurés.

Exemples d'utilisation

Cette démarche s'est rapidement avérée la plus efficace dans les cas suivants pour la maîtrise :

• d'une innovation ;

• d'un système complexe par la technique et/ou la complexité des acteurs concernés ;

• d'un domaine technique où l'entreprise a perdu une partie de son savoir-faire suite à des mobilités, départs en retraite mal organisés, etc.

Pour en savoir plus

Lire et appliquer les pages sur la construction et le pilotage d'un plan de convergence.

CONSTRUIRE UN SCÉNARIO LOGIQUE POUR CADRER LE PROJET

De quoi s'agit-il ?

Un scénario logique est à rechercher pour le projet global. Par exemple, la conception d'un système mécanique :

- *Le mauvais scénario ou cercle vicieux suivant est souvent constaté :*
  - dessiner et réaliser un prototype aux cotes nominales ;
  - vérifier la qualité du dessin par calcul au nominal ou par les essais d'un prototype réalisé aux cotes nominales ;
  - annoncer ensuite que tout va bien au directeur de projet ;
  - lancer les moyens industriels en fonction de ces dessins au nominal. Pour les tolérances, l'industriel fera tout seul un compromis entre ses contraintes et ses règles de l'art ;
  - réaliser des pièces en série, avec évidemment des dispersions de fabrication en fonction des machines et du temps de cycle imposé, donc d'un investissement donné ;
  - constater que 80 % des systèmes donnent une bonne qualité de prestations mais que 10 % ont le défaut n° 1 lié à des cotes minimales et 10 %, le défaut n° 2 lié à des cotes maximales ;
  - insatisfaction et incompréhension du directeur de projet ;
  - les responsables des validations se justifient en référence au « bon » résultat initial constaté au point n° 3 ;
  - on recherche le coupable : les dispersions industrielles sont constatées ;
  - après des négociations longues, les plans, les machines, les temps de cycle sont modifiés et entraînent des surcoûts ;
  - enfin, ça marche mais avec du stress et des coûts et délais non respectés ;

La sûreté de fonctionnement n'est donc pas robuste.

- *Le scénario logique ou cercle vertueux à appliquer est :*
  - à partir du plan avant-projet les dispersions industrielles sont évaluées pour maîtriser la qualité et les coûts ;
  - en fonction des dispersions : le risque de défaut n° 1 est évité par une action A liée à la cote minimale ; le risque de défaut n° 2 est évité par une action B liée à la cote maximale ;
  - les plans sont remis à jour et les moyens industriels sont adaptés de façon à garantir les dispersions prévues, d'où délai et coût dégradés ;
  - des essais confirment que les défauts n° 1 et n° 2 sont inexistants par essais sur pièces industrielles triées aux cotes minimales ou maximales ;
  - les plans moyens sont éventuellement ajustés par des réglages prévus ;
  - vous êtes à l'heure, sans surcoût et sans stress.

La sûreté de fonctionnement est bien prise en compte.

À quoi cela sert-il ?

On garantit ainsi des résultats attendus intermédiaires plus robustes. *Comment trouver le scénario logique dans un domaine technique ?* Il faudra :

- faire référence à la physique – ces lois sont incontournables ;
- analyser les échecs et les réussites passés ;
- bien connaître la problématique ;
- identifier les paramètres influents des prestations ;
- identifier le paramètre du premier ordre : c'est fondamental car un bon choix à ce niveau va tout simplifier et tout guider vers le succès, avec le meilleur équilibre qualité, coût et délai de conception.

Exemple d'utilisation

Pour un système de chauffage-dégivrage et ventilation d'une automobile, cette démarche appliquée *a posteriori* en 1990 a démontré qu'il était possible d'améliorer fortement un système existant qualifié à cette date de meilleur équilibre, poids/volume/performances/prix. En effet, cette étude, réalisée dans le cadre d'une recherche Eurêka entre constructeurs et fournisseurs de systèmes de climatisation, a démontré que le facteur du premier ordre était la perte de charge du circuit en position dégivrage. Nous avons donc dimensionné un système de climatisation avec ce critère. Le résultat global obtenu a été le suivant :

- gain de volume de 10 %, fondamental surtout pour une petite voiture ;
- gain de poids de 9 %, intéressant pour les économies d'énergie ;
- gain de prix de 5 % ;
- tout en améliorant les performances thermiques de 4 %, ce qui n'était pas le but recherché, et acoustiques, du fait que la perte de charge du conduit de dégivrage une fois réduite entraînait l'obtention du débit d'air requis avec un moteur électrique plus petit donc moins cher et moins bruyant.

Cette méthode, appliquée à d'autres domaines a démontré l'évidence de l'identification des facteurs influents dont celui du premier ordre.

Bien qu'elle ne soit pas toujours évidente à déterminer, la logique de conception d'un système doit respecter un certain ordre. Le fait d'y penser et de provoquer un débat entre différents experts du domaine donne beaucoup de chances d'y arriver. Par l'analyse d'échecs ou de défauts constatés et bien analysés, il est aussi possible par approches successives d'arriver à construire une meilleure logique.

RÉSULTATS OU LIVRABLES/PREUVES

De quoi s'agit-il ?

Malgré la fameuse citation de Boileau – « Ce qui se conçoit bien s'énonce clairement et les mots pour le dire arrivent aisément » –, il est constaté que l'expression d'un résultat attendu est un art difficile. Il est vrai que l'expression d'une tâche est aisée. En effet, la majorité des formations apprennent comment réaliser une tâche, et les moyens disponibles existent et sont connus pour réaliser ces tâches. Mais, également, il est bien connu depuis Juran que : « Si le seul outil dont vous disposez est un marteau, alors pour vous, tous les problèmes auront l'air d'un clou. » Il est essentiel dans une démarche projet de ne pas débuter de tâches sans savoir ce que l'on cherche, autrement dit, le résultat final ou encore le livrable. Il doit être le plus précis possible.

> Un livrable s'exprime par une phrase avec un sujet, un verbe et un complément composée de la manière suivante :
> - *un sujet* pour savoir de quoi on parle ;
> - *un verbe* ;
> - *un complément*, indispensable pour expliciter à quoi et à qui sert ce résultat et comment il faudra en prouver l'obtention ;
> - *si possible, une quantification*.

Une astuce pour construire cette phrase consiste à préciser le sujet, puis à dire à quoi ça sert pour le client intermédiaire ou client final, puis à rechercher le bon verbe. Pour le verbe, ne pas oublier qu'il existe des verbes « gagnants » – décider, convaincre, définir, démontrer, identifier, prouver… – et des verbes perdants, à éviter – suivre, valider, avoir ou être en début de phrase. Dès que l'on « remue » un résultat par les 5 pourquoi, on s'aperçoit que ce n'était pas un résultat, il faut donc utiliser cet outil pour arriver à un consensus robuste. L'expérience de ce genre d'animation montre des formulations surprenantes, au point que les tâches pour obtenir ces résultats s'en trouvent modifiées.

De plus, à tout résultat il faut associer un contributeur, une date d'obtention, un coût d'obtention, un mérite correspondant au poids du résultat pour résoudre un problème donné. Pour cela, utiliser une échelle qualité de 200 points pour un résultat stratégique, 50 points, si important, 10 points, si moyen, 3 points, si faible. Pour l'échelle de coût, il suffit d'un ordre de grandeur en milliers d'euros par résultat. L'objectif du chiffrage des coûts est avant tout de faire prendre conscience qu'il faut donner la priorité aux résultats stratégiques à faible coût d'obtention. D'autre part pour un résultat donné obtenu avec un bon niveau de confiance, il serait nuisible de chercher à l'obtenir deux fois, ce serait une perte de temps et d'argent. Or, ce défaut est très fréquemment observé et constitue la reproduction des méthodes d'apprentissage où il faut arriver à un résultat donné de différentes façons.

Un niveau de confiance s'exprime parfois par un taux en %, et très souvent le consensus des acteurs et le pouvoir de discernement du pilote du système est suffisant.

À quoi cela sert-il ?

La traçabilité des résultats est la base de l'assurance qualité d'un projet. Elle se concrétise dans un dossier d'assurance qualité.

> **Un dossier d'assurance qualité est constitué quand :**
> – les résultats partiels qu'il faut obtenir pour arriver au livrable sont effectivement obtenus ;
> – pour chaque résultat partiel et le livrable final, les preuves données sont suffisantes et donnent confiance ;
> – la certification que le livrable donne satisfaction (page 45).

Savoir bien formaliser un résultat permet de construire la chaîne des résultats attendus, c'est la démarche de convergence.

Le pilotage d'un projet se fait par la vérification en continu des résultats obtenus et/ou à obtenir, en les affectant à des contributeurs pour des dates négociées en respect des contraintes de délai.

Voici différentes formulations pour différencier tâche et résultat :

- réaliser une étude bibliographique, c'est une tâche à réaliser ;
- grâce à l'analyse bibliographique réalisée à ce jour, nous avons une bonne confiance dans la pertinence du choix effectué : c'est un résultat plus concret mais qualitatif et non mesurable ;
- une analyse bibliographique a démontré l'intérêt de réaliser une analyse fonctionnelle technique pour maîtriser une réduction de coûts du système de 20 %. C'est un résultat plus quantifié que les précédents.

Exemple d'utilisation

Pour bâtir un plan de convergence, il est indispensable de savoir distinguer un faux d'un vrai résultat.

Pour en savoir plus

Des formations et « coachings » sur des cas concrets.

CONSTRUCTION D'UN PLAN DE CONVERGENCE

De quoi s'agit-il ?

On commencera par identifier les acteurs concernés en construisant l'organigramme fonctionnel (page 177) ; puis on les réunira pour quatre heures de travail collectif dans le but d'identifier les conditions de réussite de leur projet :

- redéfinir ensemble le problème à résoudre ;
- définir le périmètre délai et technique étudié ;
- désigner le pilote du plan : celui qui aura la responsabilité de « tirer » l'obtention de tous ces résultats ;
- jalonner par un scénario logique, en respect du PDCA, en positionnant les différentes phases du projet aux dates souhaitées.

Il faudra alors identifier le type de plan à réaliser :

- pour prendre une décision stratégique ;
- pour valider la conception produit et process avec tous les partenaires, y compris les fournisseurs ;
- pour assurer la cohérence d'une pièce seule faisant partie d'un système ;
- pour assurer la capacité à vendre et à réparer le système en après-vente.

Ensuite, on identifiera les facteurs influents, dont celui du premier ordre. Puis on rédigera chaque résultat attendu sur un Post-it avec le nom du contributeur et la date en cohérence par rapport aux autres résultats mentionnés. Ce résultat sera à considérer comme un verrouillage partiel du projet.

On rangera alors le résultat dans la colonne la plus judicieuse, définie à partir du scénario logique de type PDCA et en fonction des autres résultats déjà inscrits – une convergence par thèmes ou par entités concernées peut être rendue visible par l'usage de la couleur.

Mise en œuvre d'un plan pour effectuer un choix stratégique

Il s'agit d'identifier toutes les conditions de réussite correspondant à différents scénarios de solutions techniques avec la traçabilité des décisions prises et à prendre, suivant un échéancier précis, en cohérence avec :

- *les positions d'acteurs extérieurs* comme la concurrence, les réglementations, etc. ;
- *l'aptitude à fabriquer* les tolérances de fabrication exigées par les concepteurs ;

- *une volonté et possibilité commerciale* de faire du *business* ;
- *un engagement collectif* de dire et de faire ce qu'il faut faire pour réussir.

(Le schéma de la figure 71 donnera une illustration de la construction d'un plan de convergence pour effectuer un choix stratégique.)

Mise en œuvre d'un plan pour valider une solution technique

Il s'agit de rechercher la confiance minimale nécessaire par une chaîne de valeurs client, c'est-à-dire d'expressions de résultats attendus à partir de moyens d'obtention croissants en coût et en complexité suivant les 3 étapes ci-dessous pour construire un plan de convergence :

- repérer les critères « client » :
  - les prestations attendues ;
  - les risques de ne pas obtenir ces prestations ;
  - les dysfonctionnements des projets précédents ;
  - les cibles QCD ;
  - les préoccupations des acteurs du projet ;
  - les critères de l'analyse fonctionnelle interne et externe (cycle de vie).
- repérer les trois phases chronologiques du projet, avec des appellations consensuelles et adaptées, par exemple :
  - accessibilité à des expériences formalisées ou non, c'est-à-dire à coût d'obtention faible et délais courts ;
  - relativement simples et peu coûteuses, comme des calculs ou essais, c'est-à-dire à coût et délais moyens ;
  - complexes et plus coûteuses, comme des essais sur des prototypes, c'est-à-dire *coûts et délais élevés.*
- pour chaque croisement entre « critères client » et « phase du projet », iden-tifier un ou plusieurs résultats attendus en y accrochant une date et un contributeur.

Il faut refuser des doublons de tâches qui donneraient le même niveau de confiance.

Chaque trilogie (résultat/qui/quand) doit être identifiée autant de fois que nécessaire pour obtenir un niveau de confiance suffisant. Le juste nécessaire pour obtenir la confiance minimale exigée est recommandé et facilité par cette méthode.

À quoi cela sert-il ?

À formaliser les compétences requises (couples résultats attendus par les contributeurs).

À visualiser les forces (résultats obtenus) et les faiblesses (résultats non obtenus) lors des revues de projet.

À décider des plans d'action pour rester sur la trajectoire prévue pour le projet.

À obtenir une dynamique projet par cette construction collective qui sera l'occasion de créer le consensus.

À réaliser un outil de pilotage simple et visible.

À réaliser un outil de « reporting » vers la hiérarchie pour montrer l'avancement global et réserver la discussion pour des preuves stratégiques à donner et solliciter un appui pour des difficultés précises.

EXEMPLE D'APPLICATION

Conception produit process d'un système de réglage de sièges automobiles

Le système est composé par siège de 2 rails fixés au plancher, des guides ayant un recouvrement x de façon à tenir à l'arrachement F correspondant à un test de crash du fait que la ceinture est accrochée au siège.

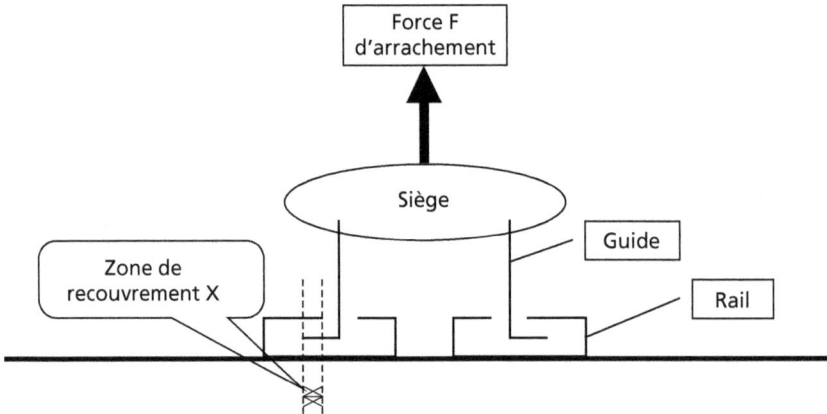

Figure 64 – Schéma de principe d'une glissière de siège automobile

Les prestations globales attendues auxquelles nous allons nous intéresser dans cette formation sont :

- La tenue à la force F (nous la supposons parfaitement définie).
- Le respect du Cahier des Charges prestation « qualité du coulissement » tout le long de la zone de coulissement.
- L'absence de bruit parasite en roulage du véhicule sur des pavés.
- Une bonne fiabilité du système suivant Cahier des Charges et procédure associée (par exemple : test de durée de vie du coulissement 10 000 cycles).

Résumé d'une situation constatée

✔ Suivant le conseil de la direction des relations fournisseurs le concepteur du bureau d'études a retenu le fournisseur en charge de la conception et de la fabrication des pièces (en effet le prix est bon, le fournisseur sait fabriquer, il le fait pour des concurrents, c'est une grande société, etc.)

✔ Le fournisseur une fois retenu s'engage sous contrôle du bureau d'études du constructeur dans la conception produit et process du système. Il réalise un planning des tâches. De nombreuses réunions sont programmées.

✔ Le fournisseur décide en accord avec le concepteur du constructeur de fabriquer un prototype pour effectuer les validations prévues au planning. Pour crédibiliser la réalisation coûteuse du prototype, le fournisseur apporte des résultats de calculs positifs démontrant que sa conception permet de respecter la tenue à la force et ceci avec une bonne marge de sécurité. Tous les acteurs présents ont confiance : un prototype est réalisé puis essayé vis-à-vis des prestations attendues :

- La tenue à la force d'arrachement est confirmée positive.
- Le coulissement respecte le cahier des charges sauf à un endroit du rail où le défaut est dû semble-t-il à une réalisation du prototype dans un matériau et avec un process allégé qui peut expliquer ce défaut qui sera, tous les acteurs en sont convaincus, corrigé par un respect scrupuleux de la matière et du process lors d'une réalisation en série.
- Il existe des bruits parasites ! mais tous pensent qu'il faut attendre la réalisation des pièces définitives en série pour juger correctement, donc « on verra plus tard ».

✔ L'ordre est donné de spécifier la solution dite validée à 80 %.

✔ Les outillages industriels sont réalisés.

✔ Les premières pièces sont réalisées sur les moyens industriels définitifs (pièces issues d'outillages définitifs).

✔ Les résultats des essais sont les suivants :

- mauvais en coulissement mais des erreurs de réalisation des outillages industriels expliquent une partie du problème, et avec de la graisse cela va mieux !
- Bruit parasite pas satisfaisant mais il faut attendre encore un peu et réaliser plus de pièces pour faire un bilan et avec la graisse cela va mieux (on s'en sortira bien comme d'habitude, courage !)
- Un test d'arrachement est positif.

✔ Un accord est donné par les services qualité pour réaliser des voitures de séries.

✔ Nous constatons des problèmes inacceptables pour la commercialisation :

- tenue à l'arrachement : 10 % des voitures mauvaises à un point tel que l'arrachement se fait sans effort à la main. La qualité donne l'interdiction de sortir ces véhicules (en effet c'est un critère de sécurité des passagers) ;
- coulissement : 10 % des voitures ont des blocages et même avec arrachements de matières malgré la graisse ;
- 20 % des voitures ont des bruits parasites.

Bilan : Un drame car au global il est pratiquement impossible de trouver une voiture bonne sur tous les critères du cahier des charges. Le concepteur du constructeur accuse le fournisseur, le fournisseur accuse les monteurs du constructeur, etc tous les acteurs s'accusent mutuellement. Le directeur de projet est furieux d'autant plus que ses collègues sur d'autres projets réalisés dans le passé ont eu les mêmes problèmes. Tous les acteurs du constructeur sont solidaires pour accuser le fournisseur et réciproquement.

Question posée

La direction vous demande en tant que directeur d'un nouveau projet de tout mettre en œuvre pour éviter ces problèmes récurrents et manifestement pluri-disciplinaires. Quelle est votre proposition ? Un plan d'action d'une page maximum est attendu.

Réponse

Le point clé de la réponse est de retenir dès le début de la conception un concept crédible et confirmé crédible par le maximum d'expertises du constructeur et des fournisseurs.

Le schéma suivant illustre un concept dont la crédibilité est à prouver.

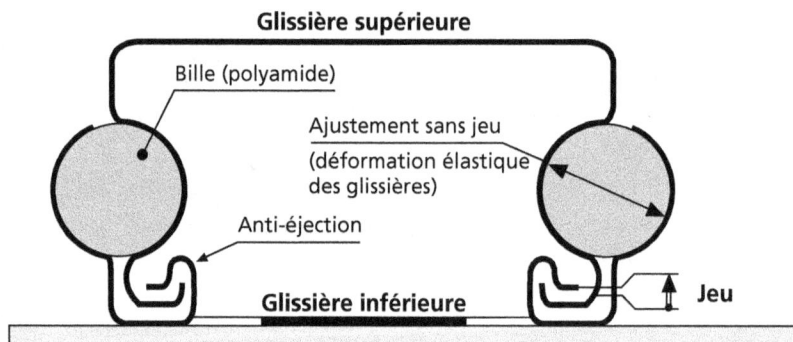

Glissière supérieure

Bille (polyamide)

Ajustement sans jeu
(déformation élastique
des glissières)

Anti-éjection

Glissière inférieure

Jeu

Figure 65 – Illustration d'un concept

Les figures suivantes 66 à 69 contiennent le processus proposé mis sous la forme d'un plan d'action structuré en quoi, qui, quand et jalonné suivant la logique *Plan Do Check Act*.

Les quoi expriment les résultats attendus, les quand précisent les dates d'obtention nécessaires, les qui sont les responsables et pas uniquement les acteurs des tâches associées à ces résultats.

Une case « état » précise par la couleur verte ou rouge l'obtention ou non de ce résultat.

N°	Quoi (résultats attendus)	Qui	Quand	État
1	Les experts du constructeur ont confiance *a priori* dans le concept proposé par le fournisseur pour garantir un coulissement fiable et sans bruit.			
2	Un concept est crédibilisé par les experts des différents métiers concernés suite à des retours d'expériences, des calculs, et/ou des essais de laboratoire.			
3	Une mesure des vibrations dans l'environnement du rail permet de connaître la source des bruits parasites.			
4	Pour éliminer les bruits parasites dans les différentes positions une précontrainte minimum en statique et en dynamique est déterminée par l'essai d'un prototype en laboratoire.			
5	Les efforts, (x y z), mini maxi, nécessaires pour assurer un coulissement sans usure et sans bruit sont calculés en tenant compte de la précontrainte maximum retenue.			
6	Pour les différentes positions les précontraintes et efforts sont comprises dans les tolérances fixées.			
7	Le coefficient de frottement entre guide et rail est fixé pour permettre un effort de coulissement, mini maxi, exigé par le client équivalent à l'effort nécessaire.			
8	Les matériaux sont choisis en fonction des contraintes, des efforts et des coefficients de frottement requis.			

Figure 66 – Conditions préalables pour bien concevoir : BON À CONCEVOIR

Dans cette étape il est fondamental de partir d'un concept élaboré par une équipe pluridisciplinaire concepteur-fabricant-fournisseur et d'élargir cette équipe à un collectif d'expertises pointues pour valider ce concept. Il serait vain de croire à l'efficacité des expertises isolées, seul la confrontation donne de la robustesse car les prestations recherchées sont très souvent antagonistes. Faute de rechercher cette robustesse dès le début du projet le responsable sera mis en difficulté à la fin du projet comme indiqué dans le cas exposé.

N°	Quoi (résultats attendus)	Qui	Quand	État
9	Les limites de crédibilité de la solution retenue sont précisées dans le but de dimensionner le système.			
10	Les fabricants s'engagent sur la faisabilité industrielle et les tolérances (± Δx) de fabrication ont été négociées.			
11	Vérifier par calcul l'**absence d'arrachement** avec la **force** "**F** à la cote **X** − Δ**x** (tolérance mini).			
12	Vérifier le respect du CDC de **coulissement** avec la cote **X** + Δ**x** (tolérance maxi).			
13	**Définition fonctionnelle** des composants retenus dans le but de réaliser les **spécifications précises pour chacun des composants.**			
14	**Vérifier que la prestation coulissement est garantie** avant et après les essais d'arrachement.			
15	Les plans des outillages de fabrication sont réalisés conformément aux spécifications pièces.			

Figure 67 – Conditions pour autoriser à investir : Bon à Outiller

Trop souvent nous constatons des spécifications qui n'intègrent pas les capabilités des moyens de fabrication et qui ne prennent pas en compte les tolérances de fabrication. Les validations sont à effectuer dans les conditions les plus défavorables. C'est à ces conditions que la confiance sera obtenue. Pour autoriser l'investissement dans des outillages coûteux il faut une bonne confiance dans l'assurance d'obtenir les prestations attendues sans remises en cause tardives.

L'étape de vérification représentée figure 68 et de confirmation du bon fonctionnement est trop souvent transformée en constatation d'un mauvais fonctionnement. Les racines du cercle vertueux commencent dès le début du projet par un concept robuste approuvé d'un collectif d'expertises.

N°	Quoi (résultats attendus)	Qui	Quand	État
16	Vérifier l'absence de bruit (cognement) avec des pièces issues d'outillages définitifs (IOD) au jeu maxi.			
17	Vérifier l'absence de bruit (grésillement) avec des pièces IOD au jeu dans l'Intervalle de tolérance (IT).			
18	Confirmer la tenue à l'arrachement par un essai avec des IOD définitifs au jeu maxi (nominale **X** − Δ**x**).			

N°	Quoi (résultats attendus)	Qui	Quand	État
19	Confirmer la qualité perçue du coulissement avec des pièces IOD au jeu mini (nominale $X + \Delta x$).			
20	Confirmer la fiabilité du coulissement avec des pièces IOD au jeu mini (nominale $X + \Delta x$).			
21	Les moyens pour mesurer la conformité des pièces sont approuvés par un expert du domaine.			
22	Les moyens chez les fournisseurs sont aptes à fabriquer des pièces dans les tolérances requises.			
23	Les conditions de transport et de stockage des pièces du fournisseur vers le constructeur n'altèrent pas les caractéristiques des pièces.			
24	Les moyens de montage chez le constructeur n'altèrent pas les prestations clients.			

Figure 68 – Conditions pour la mise au point en usine : BON À INDUSTRIALISER

N°	Quoi (résultats attendus)	Qui	Quand	État
25	Il est démontré par contrôle que les caractéristiques des pièces sont conformes aux spécifications.			
26	Plans de surveillance appliqués chez les fournisseurs et au montage usine pour la conformité / spécifications garantissant le respect des tolérances requises fixées ci-dessus.			
27	Des contrôles sur des pièces fabriquées en rafale avant le démarrage en série mais dans les mêmes conditions que la série prouvent la conformité des spécifications.			
28	Des contrôles sur véhicule de série prouvent la conformité des prestations attendues par le client.			
(25 à 28) conditions d'un Accord de Fabrication robuste : BON À FABRIQUER				
29	Si écart exploiter les données des plans de surveillance : • par action de réglage sur les moyens ; • par action sur le process (fiabilité des moyens, maintenance, formations…) ; • par action sur la conception du produit.			
30	Analyse statistique des causes de retours clients, et mise en place de plans d'action pilotés si problème.			

Figure 69 – Conditions pour acter que le produit
est bien vendable et enchante les clients

LE PLAN DE CONVERGENCE POUR CRÉER UN CHANGEMENT

Dans toute entreprise des changements sont nécessaires. Les métiers concernés ont chacun des processus adaptés à la situation ancienne. La tendance pourrait être d'unifier leurs processus ou de les décortiquer pour comprendre comment installer le changement. Cette approche n'est pas judicieuse elle ferait perdre du temps et démobiliserait les énergies. Il est préférable de se concentrer sur le progrès attendu en marge des processus existants. Cette méthode est plus rapide, plus facilement appropriée.

Cette démarche respecte les étapes suivantes cohérentes avec le PDCA.

Étape 1 : À partir d'un *lobbying* auprès des responsables, et d'un *benchmarking* de la concurrence, définir le changement attendu sous la forme de livrables très concrets.

Étape 2 : Un travail collaboratif entre les responsables au plus haut niveau possible permet de nommer un pilote et de valider les livrables et surtout de les affecter par acteurs des métiers impliqués dans le changement.

Étape 3 : Un diagnostic sur le terrain permettra de constater que les acteurs travaillent avec des processus plus ou moins bien formalisés. Il faut éviter de se « noyer » dans la recherche d'une uniformité. Elle serait contre-productive, moralisatrice et elle engendrerait des oppositions néfastes au changement. En conséquence se polariser sur le changement attendu sans analyser les processus existants. Le pilote doit se concentrer sur le changement et faire accepter par *lobbying* les livrables.

Étape 4 : Puis la construction du plan de convergence global par les acteurs de terrain de façon à définir les attendus correspondants à la logique PDCA. Les critères pour maîtriser un changement page 216 peuvent constituer une aide importante.

Étape 5 : le plan de convergence comprend :
* les attendus, les contributeurs qui se sont engagés, les dates à respecter pour permettre le changement.

Étape 6 : Chacun des métiers intègre dans son processus le changement, ce qui va garantir la pérennisation.

⋏ _Étape 1_ : Constat d'une nécessité de changement suite à problèmes.

Effectuer _benchmarkings_ et _lobbyings_ auprès des responsables pour formuler des livrables.

⋏ _Étape 2_ : Un pilote est nommé par les responsables au niveau le plus élevé.

⋏ _Étape 3_ : Diagnostic des processus de chaque métiers concernés de 1 à n.

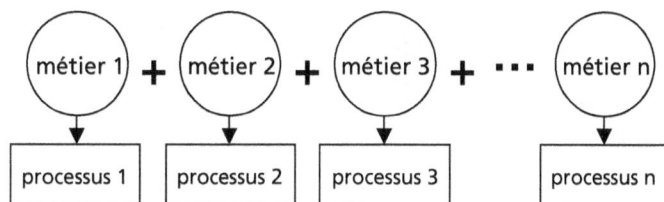

Ce diagnostic montrera que les processus existants n'intègrent pas le changement recherché.
Conseil : Ne pas chercher à modifier, _a priori_, les processus existants, mais au contraire faire approprier les livrables par tous les métiers.

⋏ _Étape 4_ : Appliquer la démarche de convergence

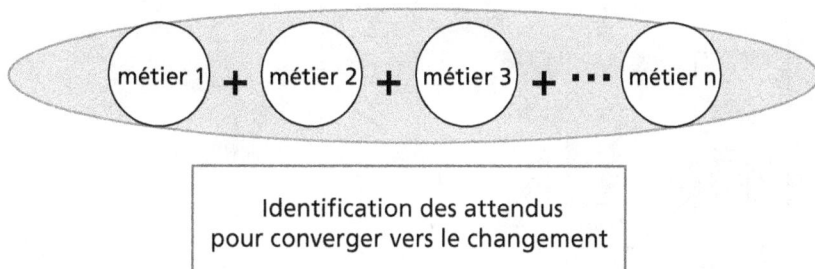

⋏ _Étape 5_ : Piloter ce plan de convergence pour résoudre le problème.
Grâce aux livrables obtenus.

Confirmer le changement

⋏ _Étape 6_ : Pérenniser le changement par évolutions des processus de chacun des métiers concernés.

Figure 70 – Différentes étapes de la construction d'un changement

LE PLAN DE CONVERGENCE POUR EFFECTUER UN CHOIX

Ce type de plan consiste à identifier toutes les conditions de réussite correspondant à différents scénarios de solutions ; avec la traçabilité des décisions prises et à prendre, suivant un échéancier précis, cohérent avec les engagements d'acteurs y compris les fournisseurs, garantissant l'aptitude à fabriquer et la capacité à « faire du *business* ». Le principe est explicité par le schéma ci-dessous.

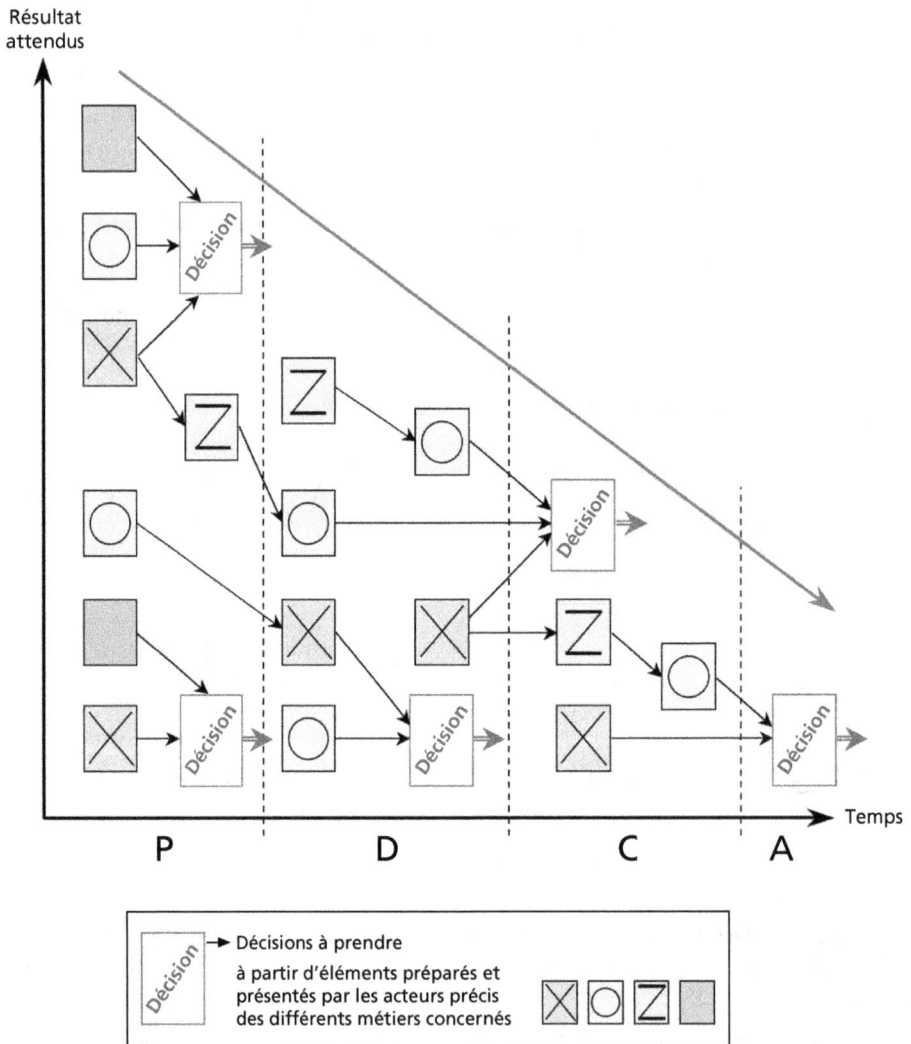

Figure 71 – Construction d'un plan de convergence pour effectuer un choix

Chaque décision est un résultat à obtenir, qui provient en général de plusieurs autres résultats, comme :

* une information sur la situation de la concurrence ;
* un retour d'expérience positif ou négatif ;
* un choix stratégique préalable ;
* un maquettage numérique et/ou physique ;
* un calcul ;
* un essai relativement simple ;
* un chiffrage économique ;
* une étude de marché ;
* un dossier prévisionnel « business plan » prouvant l'intérêt économique du projet.

Un choix stratégique suppose qu'il est opéré entre plusieurs scénarios, qu'il s'agit d'expliciter dans le plan de convergence.

Le jalonnement des conditions de réussite, explicité sous la forme de résultats attendus, doit respecter le PDCA. Il est souhaitable de mettre à la place du PDCA, tout en le respectant, des appellations concrètes des jalons du projet, choisies par les acteurs et qui correspondent à des rendez-vous clés.

NB : être exigeant pour obtenir de bonnes formulations de résultats attendus, voici quelques pièges à éviter :

Faux résultat attendu : « la matière est choisie ». En effet, on ne sait pas de quelle matière il s'agit, sur quels critères elle est retenue et il est possible qu'elle soit conforme au cahier des charges technique mais trop coûteuse et que, par conséquent, elle ne puisse être retenue en l'état. Ce faux résultat, pour être clair et compréhensible, devrait être décomposé en plusieurs résultats précis ou un seul précisant les critères à retenir.

Meilleure formulation de résultat attendu :

Le tissu retenu pour les sièges respecte les caractéristiques d'usure du cahier des charges n° HYD45.

Pour un process industriel, une bonne formulation serait :

La faisabilité industrielle du process retenu est prouvée à partir d'un *benchmarking* et du respect des critères QCD exigés, confirmés par la fabrication de 2 000 pièces.

NB : La figure 74 page 204 donne des exemples de formulation de résultats attendus suivant l'usage de tel ou tel outil.

Une fois le choix effectué, il faudra valider ce choix, c'est le but de la démarche de convergence suivante : le plan de convergence de validation.

LE PLAN DE CONVERGENCE DE VALIDATION

Il s'agit d'expliciter les conditions de réussite sous la forme de résultats attendus à partir d'une exploitation judicieuse d'une partie des outils illustrés ci-dessous.

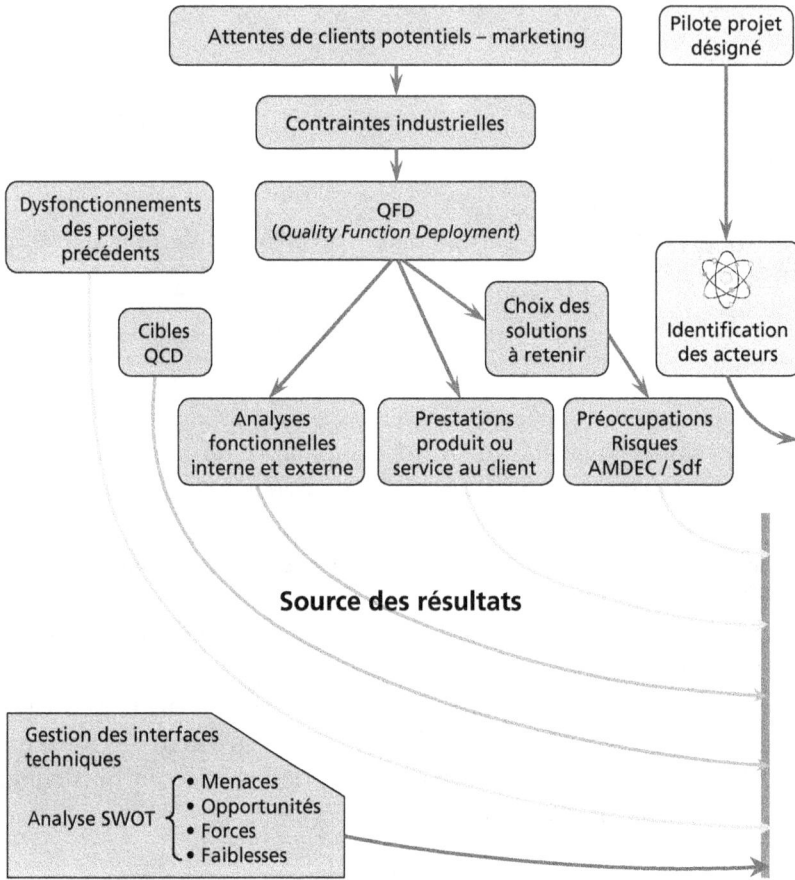

Figure 72 – Différents outils au service de la construction d'un plan de convergence de validation

La construction du plan de convergence des validations ou des conditions de réussite pour garantir la validation résulte de quatre approches :

- *la source des résultats* par l'exploitation d'outils judicieux ; la totalité des outils n'est jamais indispensable ;
- *le scénario logique du projet* pour définir les jalons ;
- *les contributeurs de résultats* à identifier parmi tous les acteurs ;

● *l'ordonnancement des résultats* suivant les moyens d'obtenir ces résultats, en allant de la méthode la plus simple et la moins onéreuse à la plus complexe et la plus onéreuse.

Sur la figure 74 page 204, des exemples de formulation de résultats attendus provenant des différents outils sont explicités.

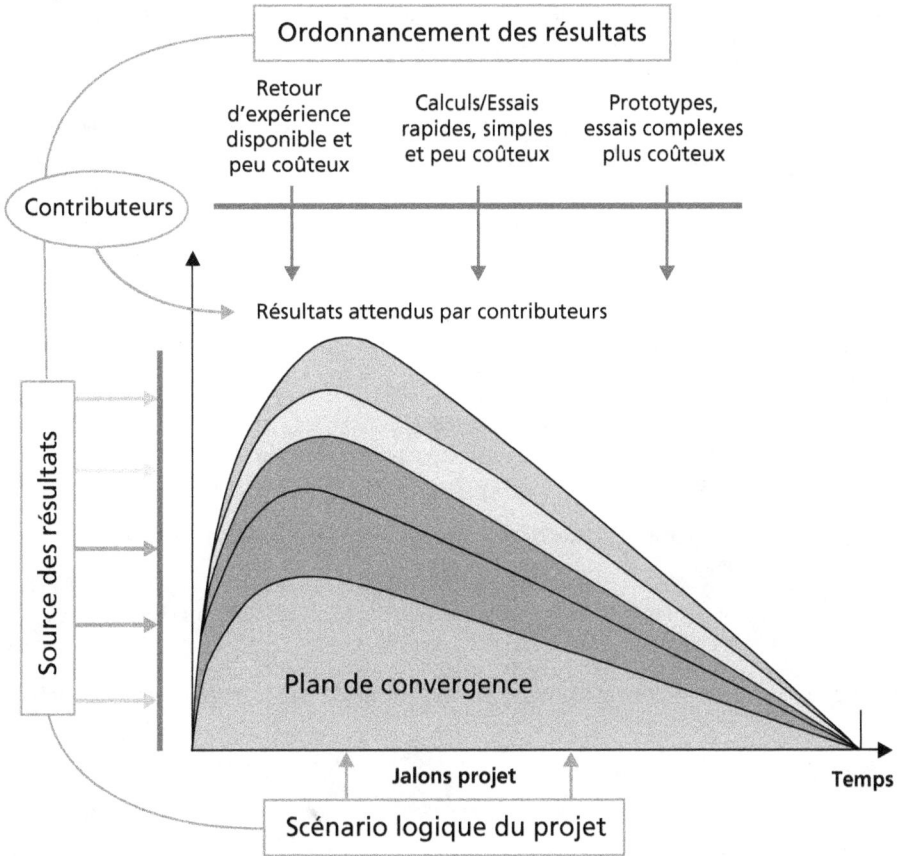

Figure 73 – Construction d'un plan de convergence de validation

EXEMPLES DE RÉSULTATS ATTENDUS

Provenance des résultats	Exemples de résultats attendus ou livrables intermédiaires
Une contrainte industrielle	Les contraintes industrielles, associées à la standardisation de 50 % des machines, sont explicitées pour prise en compte dans la conception du produit.
Un QFD	Les solutions possibles, après vérification de leurs cohérences à l'aide de la méthode QFD, sont hiérarchisées suivant le ratio efficacité/coût pour décider des solutions précises à retenir.
Un choix de solutions	Une solution est retenue avec la visibilité des critères de choix et des autres choix abandonnés. En complément du choix, un plan d'action crédible est formalisé pour réduire les points faibles.
Une analyse fonctionnelle externe	Les attentes client sont déclinées en critères techniques quantifiés, en référence aux meilleurs concurrents et aux procédures d'essais correspondantes.
Une analyse fonctionnelle interne ou technique	La solution dessinée est cotée avec des dispersions et tolérances en cohérence avec les moyens industriels existants.
	Les configurations aux limites de tolérances les plus défavorables pour chaque prestation sont identifiées pour vérifier par calcul et/ou essai la qualité de la conception.
	Un essai en laboratoire confirme la résistance de l'assemblage aux limites de fabrication les plus défavorables.
Cible coût	La cible de coût correspondant à la valeur perçue par les clients est construite par la direction du marketing et acceptée des acteurs du projet y compris le fournisseur.
Une prestation	La cible de prestation attendue pour le critère X est consensuelle entre les acteurs et acceptée du directeur de projet.

Provenance des résultats	Exemples de résultats attendus ou livrables intermédiaires
Un risque dans une AMDEC	Le risque de bruit de claquement est levé par l'application d'un joint connu ayant donné satisfaction dans des cas similaires.
Une préoccupation d'acteur projet	Il est décidé d'accepter le choix technique plus coûteux d'une puissance de 2 watts car la durée d'une optimisation technique engendre une remise en cause de trois mois du projet.
Une expérience	Suivant notre expérience, formalisée dans le document 037, il est décidé de retenir *a priori* une fixation de type B.
Un calcul	Un calcul démontre que la solution retenue pour réaliser un prototype donne un bon niveau de confiance au comité de pilotage du projet.
Un essai de prototype	L'essai du prototype conforme à la conception confirme les prestations attendues et leur pertinence.
Un retour d'expérience positif	Sachant que les robots d'injection de cire implantés dans l'usine A ont une précision suffisante, le fournisseur s'engage à respecter la même précision dans l'usine B.
Un retour d'expérience négatif	Un diagramme cause-effet a permis d'identifier les différentes causes de l'échec constaté, et un plan d'action crédible est construit pour remédier à ces causes.
Un essai de laboratoire	Suite à un essai de corrosion d'un nouveau traitement anticorrosion appliqué sur un échantillon en laboratoire, comparé à une application connue, nous confirmons le bien-fondé du nouveau traitement.

Figure 74 – Exemples de formulation de résultats attendus

Comment bien appliquer une démarche de convergence

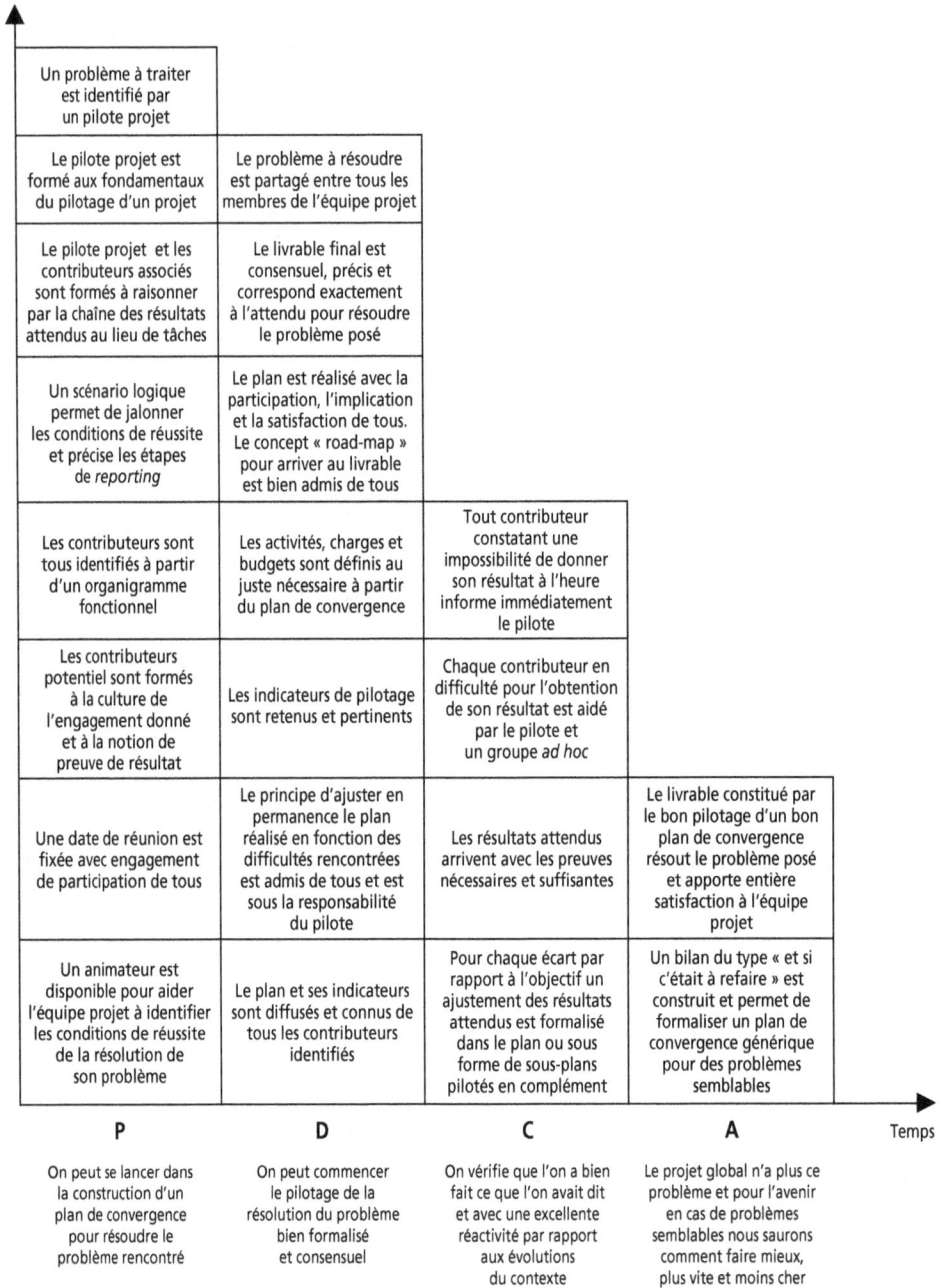

Un problème à traiter est identifié par un pilote projet			
Le pilote projet est formé aux fondamentaux du pilotage d'un projet	Le problème à résoudre est partagé entre tous les membres de l'équipe projet		
Le pilote projet et les contributeurs associés sont formés à raisonner par la chaîne des résultats attendus au lieu de tâches	Le livrable final est consensuel, précis et correspond exactement à l'attendu pour résoudre le problème posé		
Un scénario logique permet de jalonner les conditions de réussite et précise les étapes de *reporting*	Le plan est réalisé avec la participation, l'implication et la satisfaction de tous. Le concept « road-map » pour arriver au livrable est bien admis de tous		
Les contributeurs sont tous identifiés à partir d'un organigramme fonctionnel	Les activités, charges et budgets sont définis au juste nécessaire à partir du plan de convergence	Tout contributeur constatant une impossibilité de donner son résultat à l'heure informe immédiatement le pilote	
Les contributeurs potentiel sont formés à la culture de l'engagement donné et à la notion de preuve de résultat	Les indicateurs de pilotage sont retenus et pertinents	Chaque contributeur en difficulté pour l'obtention de son résultat est aidé par le pilote et un groupe *ad hoc*	
Une date de réunion est fixée avec engagement de participation de tous	Le principe d'ajuster en permanence le plan réalisé en fonction des difficultés rencontrées est admis de tous et est sous la responsabilité du pilote	Les résultats attendus arrivent avec les preuves nécessaires et suffisantes	Le livrable constitué par le bon pilotage d'un bon plan de convergence résout le problème posé et apporte entière satisfaction à l'équipe projet
Un animateur est disponible pour aider l'équipe projet à identifier les conditions de réussite de la résolution de son problème	Le plan et ses indicateurs sont diffusés et connus de tous les contributeurs identifiés	Pour chaque écart par rapport à l'objectif un ajustement des résultats attendus est formalisé dans le plan ou sous forme de sous-plans pilotés en complément	Un bilan du type « et si c'était à refaire » est construit et permet de formaliser un plan de convergence générique pour des problèmes semblables

P	**D**	**C**	**A**	Temps
On peut se lancer dans la construction d'un plan de convergence pour résoudre le problème rencontré	On peut commencer le pilotage de la résolution du problème bien formalisé et consensuel	On vérifie que l'on a bien fait ce que l'on avait dit et avec une excellente réactivité par rapport aux évolutions du contexte	Le projet global n'a plus ce problème et pour l'avenir en cas de problèmes semblables nous saurons comment faire mieux, plus vite et moins cher	

Figure 75 – Conditions de réussite d'une bonne application de la démarche

LIEN ENTRE L'ANALYSE FONCTIONNELLE ET LE PLAN DE CONVERGENCE

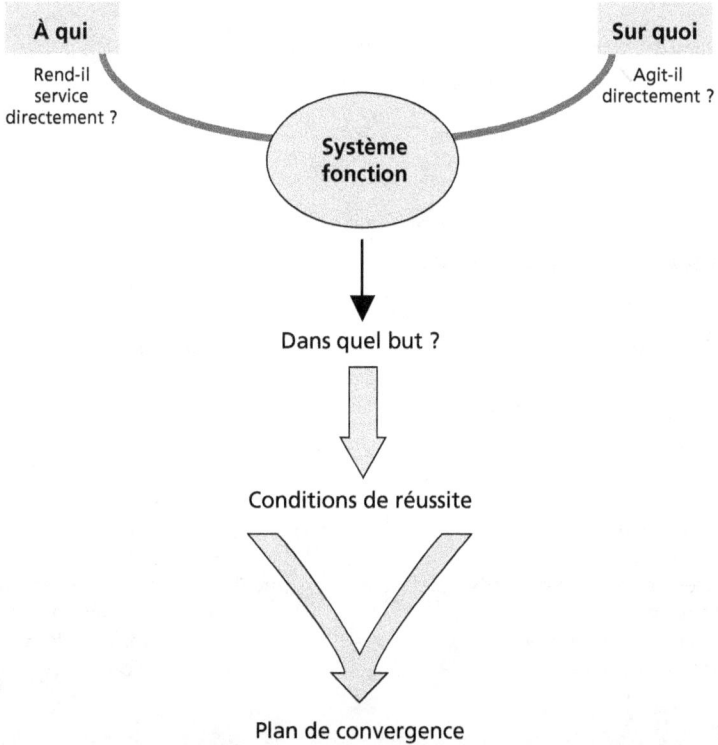

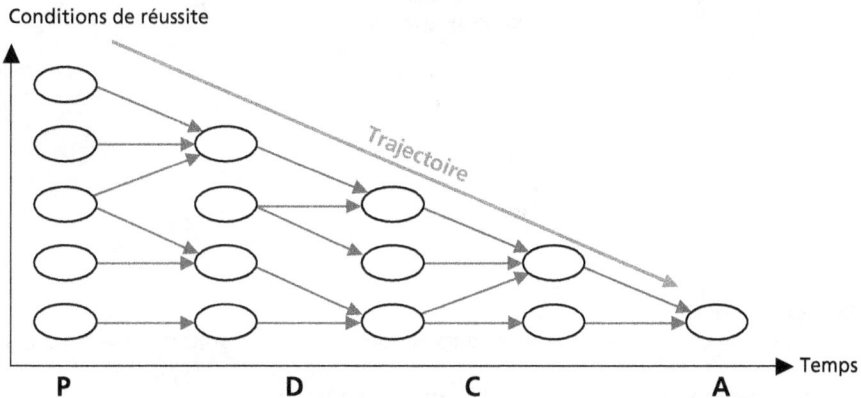

Figure 76 – Construction d'un plan de convergence
à partir d'une analyse fonctionnelle

APPLICATION DE L'ANALYSE FONCTIONNELLE
AU PLAN DE CONVERGENCE

Les réponses aux questions fondamentales :

- À qui cela rend-il service ?
- Sur quoi cela agit-il directement ?
- Dans quel but ?

constituent des préalables à l'identification des conditions de réussite pour construire un plan de convergence.

À qui	Sur quoi
Rend-il directement service ?	*Agit-il directement ?*

À qui

Rend-il directement service ?
- À tous les acteurs du projet ; métiers, experts contributeurs, fournisseurs
- Au pilote du plan assurant la maîtrise QCD
- Aux pilotes des projets suivants (capitalisation)
- Aux pilotes des innovations et des actions transversales

Sur quoi

Agit-il directement ?
Sur la façon de piloter par :
- Le respect des objectifs QCD
- La relation pilote / contributeurs
- Le comportement de tous les acteurs grâce à :
  – une identification des résultats attendus qui va changer les activités prévues initialement
  – une identification des contributeurs

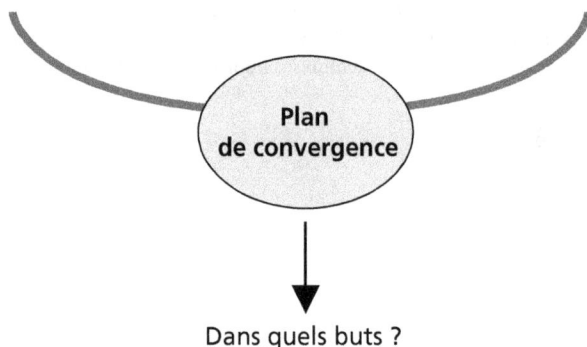

**Plan
de convergence**

Dans quels buts ?

- Réaliser le « qui contribue à quoi »
- Formaliser un consensus entre les acteurs en identifiant les résultats qui verrouillent le projet
- Anticiper les écarts d'obtention des résultats attendus
- Aider à planifier les activités, charges et budgets au juste nécessaire

Figure 77 – Analyse fonctionnelle d'un plan de convergence

PILOTAGE D'UN PROJET AVEC LES PLANS DE CONVERGENCE

De quoi s'agit-il ?

Ce pilotage définit les rôles et comportements de chacun des acteurs projet.

Le rôle du pilote

- *S'assurer que tous les acteurs identifiés sur l'organigramme fonctionnel ont participé ou sont informés* du plan de convergence. Un consensus existe, avec un partage des responsabilités et des contributions claires, à renégocier en cas de conflit. Un comité de pilotage est créé avec un échéancier de réunions cohérent avec le pilotage du projet.

- *Vérifier les résultats obtenus* et non obtenus et les repérer par une couleur (vert, orange et rouge).

- *Obtenir la preuve qu'un résultat est réellement obtenu* en le faisant valider par les acteurs concernés et compétents du comité de pilotage et obtenir du contributeur les preuves explicitées pour en garder la traçabilité dans le dossier d'assurance qualité du projet. Cela facilitera les audits ultérieurs et permettra l'amélioration rapide et très factuelle des plans.

- *Animer l'enrichissement permanent du plan de convergence* avec des résultats modifiés, ajoutés ou supprimés en fonction de l'évolution du contexte.

- *Anticiper en permanence par des zooms sur les résultats non obtenus.* Ces zooms consistent à réaliser des sous-plans de convergence à l'image des poupées russes.

- *Une liste des préoccupations, risques et problèmes avérés* est maintenue à jour pour servir à la mise à jour en continu du plan.

Suivant le cas, le pilote retient les indicateurs pertinents entre les quatre proposés sur le schéma de la figure 78 page suivante :

- les feux rouge, orange, vert pour visualiser la situation du projet ;

- les mérites qualité cumulés en fonction du délai pour chiffrer l'état d'avancement du projet : réalisé à partir d'un mérite à l'obtention de chaque résultat (200 pour un résultat stratégique, 50 pour un important, 10 pour un résultat moyen) ;

- le Pareto des contributions visualise les mérites des acteurs, donc leurs compétences pour obtenir les résultats requis ;

- le coût d'ingénierie en fonction du délai pour maîtriser ces coûts et montrer que des doublons de tâches engendrent des coûts sans valeur ajoutée.

Résultat (obtenus et non obtenus)

Temps

Courbes qualité cumulée

Temps

Pareto des contributions

Courbes coûts cumulés d'ingénierie

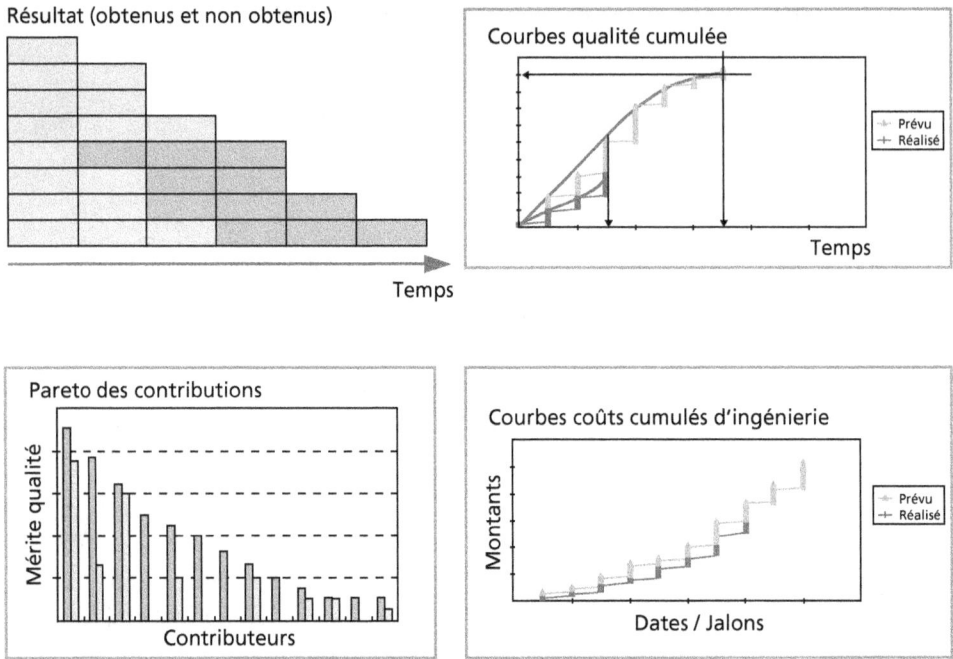

Figure 78 – Indicateurs de pilotage associés au plan de convergence

Le rôle des contributeurs

- *S'engager sur la formulation* des résultats attendus et sur les dates d'obtention requises par le projet.
- Donner l'information associée de *la preuve* lorsqu'un résultat est obtenu.
- *Donner les résultats le plus tôt possible* et au plus tard à la date exigée.
- En cas de difficultés ou risques susceptibles de compromettre son engagement, en *informer le pilote du projet* qui doit anticiper un plan d'action.
- *Accepter l'intervention du pilote et d'autres collègues* pour faire un zoom sur la difficulté rencontrée en réalisant un sous-plan de convergence ou un ajustement du premier.

Exemple d'utilisation

Cette démarche a démontré son efficacité pour faciliter l'identification et l'obtention des résultats attendus. Elle est applicable pour tous les projets car nous sommes de plus en plus confrontés à résoudre des problèmes de plus en plus difficiles, avec un nombre d'acteurs de plus en plus grand, dans des collaborations internationales.

Elle est donc particulièrement recommandée pour :

- les innovations de produits ou de processus ;
- les systèmes complexes ;
- la mise en œuvre d'un projet entre des entités très structurées, dont la conséquence est souvent la volonté d'imposer à l'autre son point de vue ou sa méthode, créant de ce fait des tensions préjudiciables au projet ;
- les domaines traditionnels dans lesquels nous constatons des pertes de compétences pour diverses raisons, comme des retraites anticipées ou des mobilités imprévues.

Exemple d'évolution d'un plan suite à une difficulté

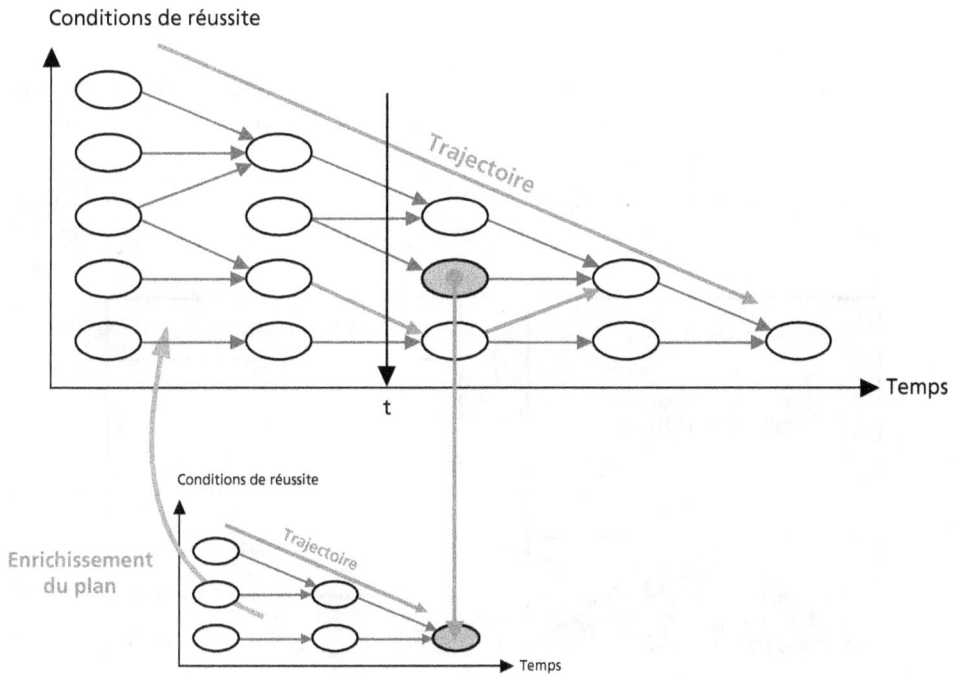

Figure 79 – Méthode d'enrichissement d'un plan de convergence

En cas de difficulté, à savoir la non obtention d'un résultat attendu, la solution consiste à le considérer comme livrable et à rechercher les conditions de réussite. Cela permet d'enrichir le plan par des conditions oubliées précédemment.

LA LOI DES 20/80 DANS LES PROJETS

Les attendus qui feront l'enchantement des clients ne résultent pas uniquement d'activités techniques identifiées dans les processus des ingénieurs.

Par exemple dans le projet de Christophe Colomb d'aller aux Indes, imaginons qu'il y soit allé et revenu sans autres faits marquants. Il n'aurait eu aucune crédibilité. Christophe Colomb n'a pas oublié de revenir avec un indigène et des pièces d'or, ce qui était aux yeux de ses « clients » le plus important et lui donnait la possibilité de repartir avec des missions encore plus précises.

Autre exemple un Américain sur la lune : le plus important pour les ingénieurs a été d'y aller et de revenir. Le plus important pour les clients a été de voir l'engin alunir à la télévision puis de voir en direct un homme marcher sur la lune.

Pour réaliser un plan de convergence, bien définir des livrables en pensant aux clients et à toute la chaîne des clients. C'est un management « orienté client ». Savoir que 80 % des activités ne donneront que 20 % de la confiance des clients et réciproquement il faudra penser aux 80 % d'attendus clients qui engendreront 20 % d'activités supplémentaires suivant la figure ci-dessous.

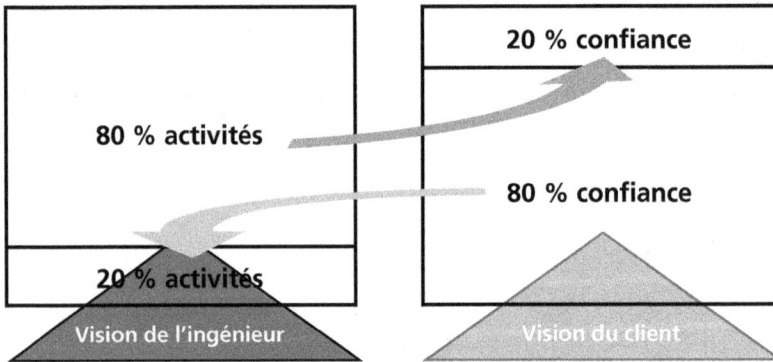

Figure 80 – Loi des 20/80 dans les projets

10

La maîtrise des délais, la planification

DIAGRAMME PERT, CHEMIN CRITIQUE ET PLANNING DE GANTT

De quoi s'agit-il ?

Le Pert (Program Evaluation and Review Technique) est un réseau d'enchaînement de tâches. La méthode consiste à identifier et désigner les tâches représentées par des boîtes. Des flèches repèrent les liens logiques entre ces tâches à effectuer. Selon cette logique il faut prendre en compte la durée de chaque tâche du réseau ainsi constitué et rechercher le chemin critique.

Le chemin critique du projet est l'itinéraire le plus long qu'il est nécessaire de repérer pour mieux respecter ou renégocier la date de fin du projet.

Le planning de Gantt, du nom de son inventeur, représente chaque tâche par une barre dont la longueur est proportionnelle à sa durée. Il donne une meilleure vision pour communiquer.

À quoi cela sert-il ?

Tous ces outils sont destinés à servir les acteurs projet pour améliorer les délais. Or, il est très souvent constaté une utilisation perverse de ces outils qui servent d'alibis pour négocier des moyens et des délais plus longs.

Il est important de dénoncer non pas ces outils mais leur utilisation inadaptée et d'énoncer les changements culturels nécessaires pour les utiliser plus efficacement et plus simplement (*cf.* pages 183-184).

Seuls s'enchaînent les résultats nécessaires à obtenir pour arriver au but ultime d'un projet : le livrable au client. Les tâches pour obtenir ces résultats sont multiples et donc ne s'enchaînent pas aussi simplement et directement que ce que nous entendons trop souvent. Les tâches sont à définir une fois que l'on a défini le résultat attendu, avec la date associée nécessaire. Il faut éviter l'excès de redondances systématiques de tâches, source de dérive de délai et de coût, et rechercher les tâches les plus judicieuses vis-à-vis de l'apport de confiance qualité, par la valeur des résultats obtenus.

Les défenseurs d'organigrammes de tâches disent, et c'est vrai, que tout acteur cherche une bonne visibilité du travail qu'il doit réaliser. C'est vrai, juste, possible et efficace pour des tâches parfaitement définies dont on aura précédemment démontré l'efficacité, comme dans une usine de production. Mais un projet, c'est un changement avec des innovations. Il est alors préférable d'identifier avec tous les acteurs concernés les résultats attendus avec les délais requis, puis de faire appel à leur intelligence dans le choix des tâches. L'expérience montre que des tâches de plusieurs mois deviennent parfois inutiles ou sont remplaçables par d'autres tâches. Pour s'en convaincre davantage, il suffit d'observer dans une entreprise les doublons de tâches inutiles, les tâches sans résultats clairement obtenus ou méconnus par les exécuteurs de tâches. D'autre part, pour les innovations, la liste préétablie des tâches n'existe pas.

Avant de décider la réalisation d'une tâche, il est fondamental de savoir si les résultats issus de cette tâche sont réellement attendus, c'est-à-dire ont une valeur ajoutée pour le client. À défaut, cette tâche, de celles que l'on trouve parfois sur les chemins critiques du projet, est à éliminer.

Dans toute activité humaine, nous avons tendance à faire ce que l'on sait faire, avec les outils que nous possédons, plutôt que ce qu'il faut faire pour être efficace (la nouvelle approche du chemin critique avec la méthode de convergence page 224 démontre par des exemples les mauvaises applications de ces outils et les changements nécessaires).

Le management de projet ne consiste pas à suivre mais à piloter. En effet, suivre et piloter sont deux choses différentes : on suit un corbillard et on pilote une formule 1, et non l'inverse. Une nouvelle démarche de planification est proposée page 221 – il s'agit d'une autre façon d'utiliser ces outils Pert et planning de Gantt : la démarche consiste à partir des scénarios logiques par métier déclinés en plans de conditions de réussite, que nous appelons plans de convergence, puis en rétroplannings de tâches, pour obtenir les résultats attendus à l'heure promise.

Exemples d'utilisation

Au cours d'activités sur des systèmes innovants, nous avons un jour rencontré un fournisseur qui nous annonçait un dérapage en délai et en coût. Nous lui demandons alors de venir avec les fournisseurs de rang 2 et 3. Il refuse, prétextant que planning et chiffrage ne sont pas terminés. Nous insistons fortement. La rencontre a enfin lieu. Nous questionnons le fournisseur de rang 1. Après trois pourquoi, il abandonne en précisant qu'il s'agissait d'un problème du fournisseur de rang 2. Après un seul pourquoi le fournisseur de rang 2 nous oriente sur le fournisseur de rang 3. Au bout de deux pourquoi, il nous indique son incapacité à traiter la solution demandée et il propose une autre solution qu'il maîtrise parfaitement. Nous débattons sur le critère qualité requis. Un consensus s'installe sur cette proposition. Ce fournisseur sourit, montrant son enchantement, et il ajoute : « En plus, avec cette solution, les délais et les coûts seront plus avantageux ! » Le planning et le chiffrage prévus par le fournisseur de rang 1, tâches inutiles, sont abandonnées. La solution technique évolue positivement en qualité, coût et délai, à la grande satisfaction de tous.

MAÎTRISER UN CHANGEMENT

De quoi s'agit-il ?

Un projet est une machine à engendrer des changements. Tout changement comporte des opportunités et des risques, qu'il faut réduire au minimum.

Il est fréquent de voir des équipes projet tellement enthousiastes qu'elles négligent cet aspect. Un simple outil sous la forme de *check-list* permet de prendre conscience de points importants ayant des solutions, souvent faciles à appliquer si elles sont prises en compte dès le début.

Toutes les démarches de changement doivent respecter le principe du PDCA (page 70), dont les quatre étapes sont bien illustrées dans la *check-list* suivante (figure 35).

À quoi cela sert-il ?

Une check-list aura différents intérêts :

* transformer des intentions et recommandations en actes opérationnels ;
* construire un plan d'action à partir des références mentionnées ;
* vérifier si les solutions proposées sont pertinentes et répondent aux objectifs du changement souhaité.

Il faudra alors répondre par oui ou par non à toutes les questions de la *check-list* citée en figure 81 et donner soit la preuve de la pertinence du oui soit le plan d'action dans le cas de la réponse non, afin qu'elle devienne oui.

Pour tout type de changement, cette *check-list* s'avère efficace. Il a été constaté que, lors d'échec dans un changement, il est possible d'identifier par cette *check-list* le ou les points qui ont fait défaut.

Cet outil permet de ne pas oublier des critères essentiels à la réussite d'un changement. Ce principe peut être copié pour toute autre application, comme des référentiels du bon usage d'une machine ou d'un processus.

Exemples d'utilisation

Lorsque nous lisons un livre sur un sujet donné et que ce livre nous a enchanté au point que nous nous disons : « Je vais appliquer les bons principes identifiés dans ce livre », il y a souvent échec car nos souvenirs ne sont pas assez opérationnels. Il sera alors utile de souligner les points clés et d'en fabriquer une *check-list* opérationnelle à l'image de celle de la figure 81, très générale, pour la maîtrise d'un changement.

N°	Questions	Oui Non	Plan d'action si réponse Non
Préparer le changement			
1	Avez-vous fixé un objectif clair et motivant ?		
2	Avez-vous donné une raison claire et valide du besoin de changement ?		
3	Avez-vous veillé à l'existence d'un champion dans ce changement ?		
4	Êtes-vous prêt à affronter une opposition ?		
5	Avez-vous communiqué abondamment sur la nécessité du changement prévu ?		
Mettre en œuvre le changement			
6	La responsabilité des choix du changement est-elle au plus haut niveau de l'entreprise ?		
7	Maîtrisez-vous le niveau de délégation dans cette conduite du changement ?		
8	Avez-vous veillé à la transparence de l'information ?		
9	Avez-vous recherché des victoires rapides ?		
10	D'autres équipes ont-elles accepté un déploiement du changement ?		
11	Avez-vous communiqué abondamment sur les victoires rapides et le déploiement prévu ?		
Vérifier l'efficacité du changement			
12	Avez-vous utilisé des structures en place pour déployer ce changement ?		
13	Avez-vous plusieurs succès confirmés ?		
14	Avez-vous communiqué abondamment sur les nombreux succès ?		
Pérenniser l'efficacité du changement			
15	Avez-vous créé des vainqueurs ?		
16	Avez-vous pris soin des victimes ?		
17	Êtes-vous organisé pour parer aux erreurs ?		
18	Avez-vous communiqué abondamment pour provoquer la généralisation du changement ?		

Figure 81 – *Check-list* pour maîtriser un changement

PLANIFICATION CLASSIQUE

Les outils de planification classiques supposent que des tâches précises vont donner des résultats précis. C'est théoriquement exact mais pratiquement irréaliste. Nous constatons, surtout pour la conception des systèmes complexes ou innovants, que les tâches planifiées le sont par habitude, parce que nous avons les outils correspondants, le savoir-faire. Tout cela nous rassure dans un premier temps, puis c'est la déception, car elles ne permettront pas le succès en termes de qualité, coût et délai. Une dérive du délai est constatée et c'est le stress qui permet d'aboutir.

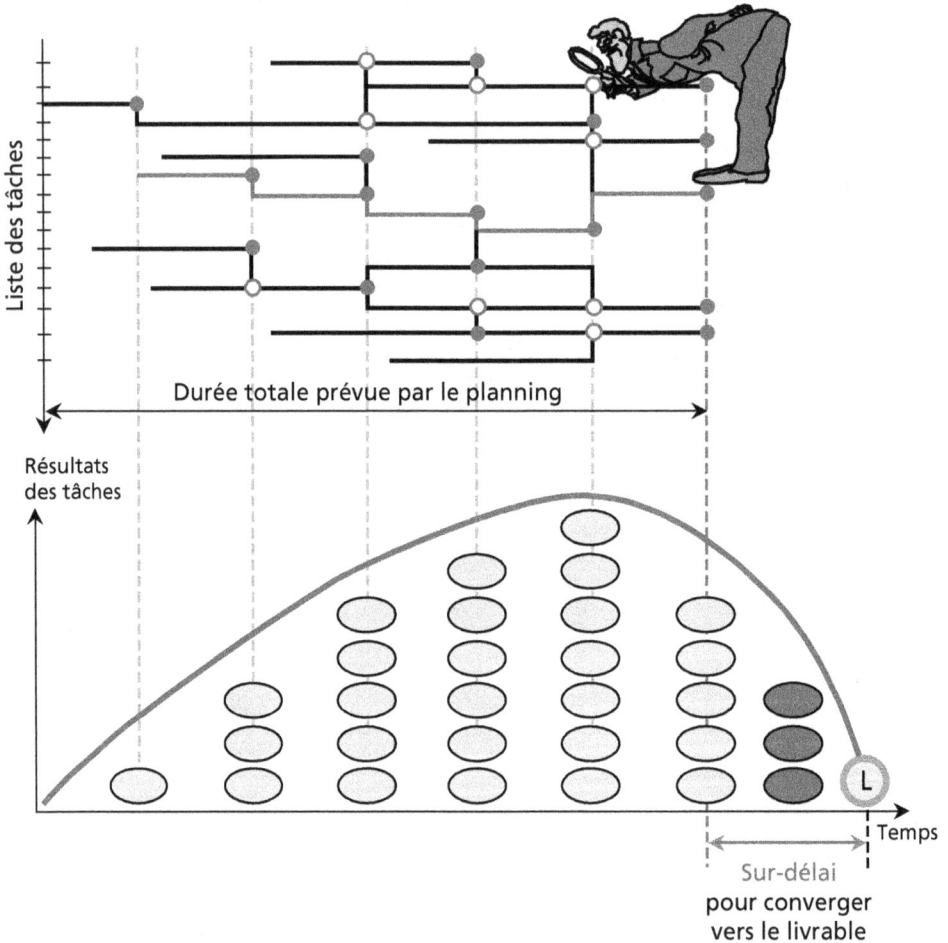

Figure 82 – Forme divergente des résultats par la planification classique

PLANIFICATION *VIA* UN PLAN DE CONVERGENCE

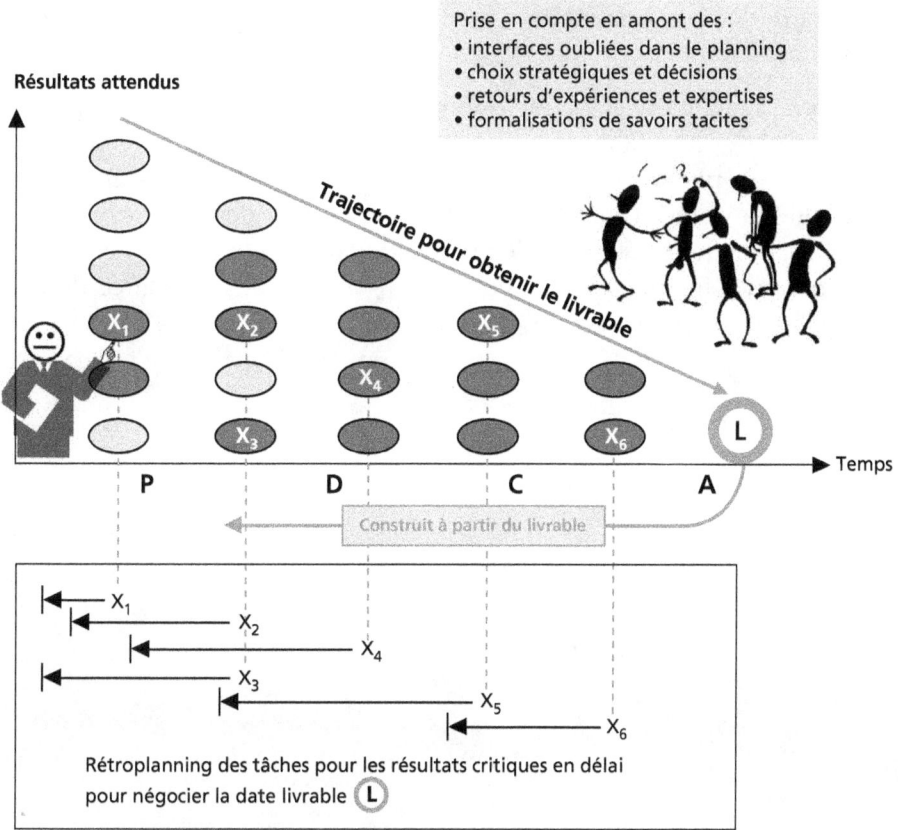

Figure 83 – Nouvelle planification par la démarche de convergence

Un vrai délai résulte principalement de deux informations :

- l'exigence de la direction générale pour assurer le *business* attendu ;
- le chemin critique réalisé uniquement sur les quelques tâches identifiées comme critiques sur le délai.

L'illustration n° 83 montre bien une manière de travailler très différente de celle illustrée sur la figure 82 : ici, il y a un pilote soucieux du délai en permanence et qui ne dissocie jamais délai-résultat-contributeur ; le contributeur ayant précédemment pris un engagement devant un collectif d'acteurs du projet.

La planification classique intègre les tâches que l'on sait faire avec les outils et les budgets que nous avons et, souvent, ce que l'on a envie de faire. Les délais sont à la charge d'un spécialiste de la programmation, et les acteurs projet sont plus guidés par les événements que par les plannings. La conséquence est traditionnellement un sur-délai, identifiable dès le début du projet par des comportements très divergents entre les acteurs.

Évidemment, la manière classique donne aussi de bons résultats lorsque vous concevez après succès démontré un produit identique. La majorité des projets sont de plus en plus complexes par les exigences qualité, coût et délai très fortes et du fait de nouvelles technologies nécessitant des équipes pluridisciplinaires. Les métiers restent évidemment fondamentaux mais insuffisants, le management des interfaces, avec l'obsession du livrable, est source de dynamisme et de remise en cause des métiers.

NOUVELLE DÉMARCHE DE PLANIFICATION : COHÉRENCE ENTRE LES CONTRAINTES DE DIRECTION ET LE PLAN DE CHARGE

De quoi s'agit-il ?

Une bonne planification répond à une démarche montante et descendante, consolidée par des allers et retours entre la direction et les niveaux les plus opérationnels. Une bonne planification ne peut résulter ni d'ordre de la direction ni d'organigramme de tâches préétablis.

Un changement de comportement est nécessaire par rapport aux mauvaises habitudes, bien enracinées, de planifier des tâches sans savoir quel résultat est recherché (voir la page 224 sur le chemin critique et la démarche de convergence appliquée à la planification [chapitre 9]).

À quoi cela sert-il ?

À respecter les délais par les écoutes réciproques : direction générale et direction du projet, directions des métiers concernés, y compris fournisseurs et acteurs de terrain. Un planning faux dès le départ d'un projet ne rend pas la direction générale et les autres directions crédibles pour les acteurs de la base.

Par cette méthode, les acteurs s'écoutent et se mettent en situation de gagnants, avec une visibilité permanente du respect ou non de la trajectoire prévue.

La figure n° 84 montre une démarche appliquée à la planification sur quatre niveaux, avec des allers et retours pour la consolidation.

Les exemples positifs isolés sont nombreux mais, malheureusement, pour un projet complet comprenant plusieurs systèmes, le délai du projet sera le délai du système le moins performant. Il en va de même pour la résistance d'une chaîne : c'est la résistance du maillon le plus faible qui définit la résistance de la chaîne. D'où la nécessité d'utiliser au mieux les outils de recherche du chemin critique.

Exemple d'utilisation

Toutes les approches issues d'outils de planification de projet développés dans les années quatre-vingt sont en échec ; cela, principalement du fait d'une utilisation de ces outils au-delà des limites raisonnables. Le bon sens, le pragmatisme, le flair, le dynamisme et quelques outils astucieux utilisés par des acteurs motivés donnent de meilleurs résultats.

L'illustration n° 84 représente les principes d'une nouvelle planification cohérente avec l'établissement des plans de charge à condition d'effectuer au moins un aller-retour entre les responsables des différents niveaux de planification.

Le premier niveau correspond au scénario logique vu par la direction générale.

Le deuxième niveau, ou planning maître, en est la déclinaison par grands métiers *via* leurs scénarios logiques, dont il faut assurer les cohérences par les résultats venant d'un métier et attendus par d'autres. Cette étape est essentielle pour servir de cadre au niveau suivant. Nous pouvons aussi formaliser ce planning maître sous la forme d'un plan de convergence maître piloté au niveau du projet.

Le troisième niveau consiste à formaliser les conditions de réussite dans les cadres imposés par ces scénarios logiques. Ce sont les plans de convergence pour faire un choix, pour valider ce choix, pour industrialiser et pour commercialiser en assurant de faire du *business*.

Le quatrième niveau consiste à planifier par rétroplanning les tâches de manière à fixer la date adéquate de début pour assurer le livrable à temps.

Le délai requis deviendra réaliste après avoir identifié le chemin critique et réalisé deux allers et retours pour en assurer une bonne cohérence.

1°/ Macroplanning (scénario logique du projet global)

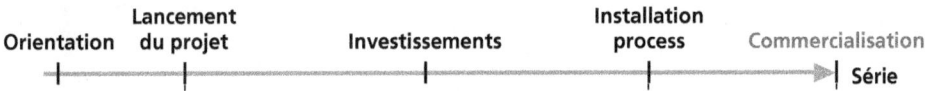

2°/ Planning maître (scénarios par grands métiers en cohérence avec le scénario global)

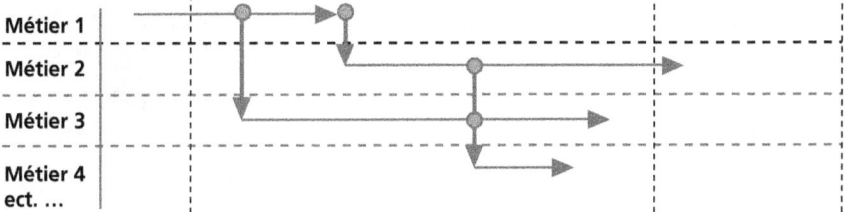

3°/ Plans de convergence (par systèmes ou fonctions)

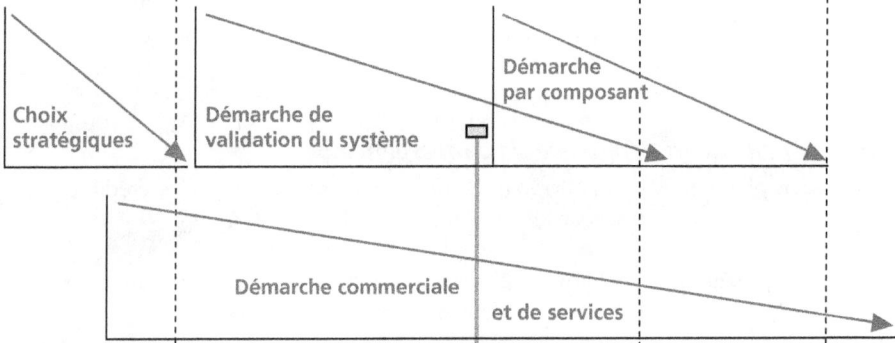

4°/ Rétroplannings (par métiers, pour obtenir un résultat attendu à la date voulue)

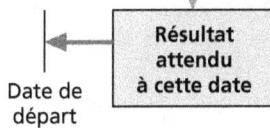

Figure 84 – Cohérence et déploiement des différents types de planification

NOUVELLE APPROCHE DU CHEMIN CRITIQUE
AVEC LE PLAN DE CONVERGENCE

De quoi s'agit-il ?

Rappelons ce que dit très bien Ch. Midler : le délai n'est pas « la somme mécanique des durées des chemins critiques », mais un contrat, « le point fixe à partir duquel se définissent, se composent et s'accélèrent éventuellement les activités pour satisfaire les engagements pris » (*L'auto qui n'existait pas*).

Pour mieux illustrer nos propos, comparons la méthode classique de recherche du chemin critique avec une nouvelle méthode issue de la démarche de convergence.

Démarche classique :

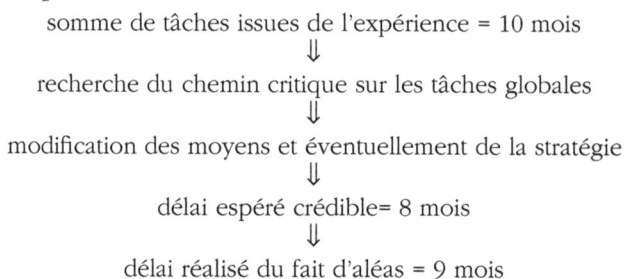

somme de tâches issues de l'expérience = 10 mois
⇓
recherche du chemin critique sur les tâches globales
⇓
modification des moyens et éventuellement de la stratégie
⇓
délai espéré crédible= 8 mois
⇓
délai réalisé du fait d'aléas = 9 mois

Démarche issue de la démarche de convergence :

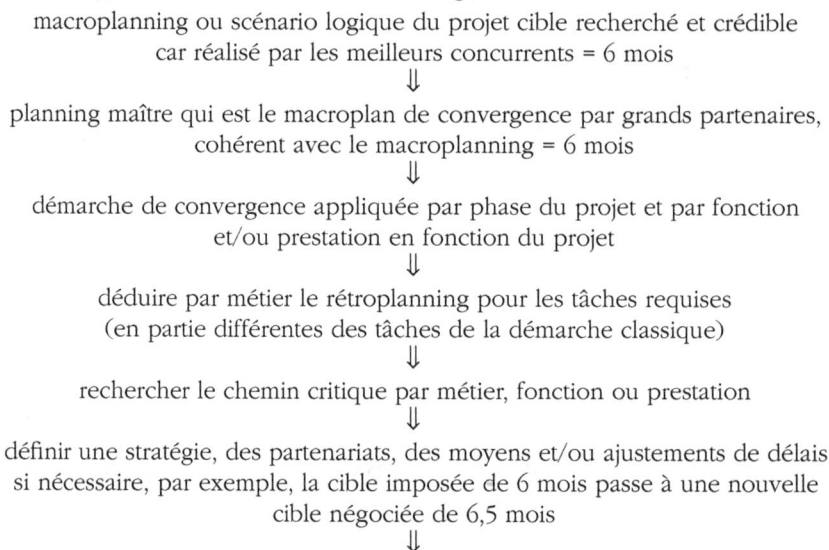

macroplanning ou scénario logique du projet cible recherché et crédible
car réalisé par les meilleurs concurrents = 6 mois
⇓
planning maître qui est le macroplan de convergence par grands partenaires,
cohérent avec le macroplanning = 6 mois
⇓
démarche de convergence appliquée par phase du projet et par fonction
et/ou prestation en fonction du projet
⇓
déduire par métier le rétroplanning pour les tâches requises
(en partie différentes des tâches de la démarche classique)
⇓
rechercher le chemin critique par métier, fonction ou prestation
⇓
définir une stratégie, des partenariats, des moyens et/ou ajustements de délais
si nécessaire, par exemple, la cible imposée de 6 mois passe à une nouvelle
cible négociée de 6,5 mois
⇓
le pilotage par la visibilité des résultats attendus est plus rigoureux et plus anticipatif. Il en résulte, malgré quelques aléas mieux maîtrisés, un délai de 7 mois soit 2 mois de moins que la démarche classique, et cela avec un stress mieux géré tout au long du projet

À quoi cela sert-il ?

On maîtrise ainsi mieux les délais, à condition d'en faire une approche par les résultats pour identifier plus judicieusement les tâches. En effet, dire qu'une tâche donnée *n* est conditionnée par la fin de la tâche *n-1* est un raccourci de langage car c'est le résultat de la tâche *n-1* qui devient une condition de réussite, par le résultat obtenu, pour la tâche *n*. Cela dit, cette tâche *n* peut éventuellement être engagée par une autre condition de réussite provenant de tâches différentes, par exemple :

- une tâche de remplacement (calcul au lieu d'un essai) ;
- un choix stratégique préalable rendant cette tâche inutile.

La démarche de convergence élimine déjà d'elle-même une partie de la bureaucratie par la gestion des interfaces.

NB : Pour étudier les systèmes complexes, il existe aussi des méthodes comme la SADT (*Structure Analysis Design Technic*). Elle sert à la conception de systèmes complexes et est représentée par des boîtes rectangulaires qui explicitent ce qu'un système doit faire et comment il va le faire. Ces boîtes sont reliées par des entrées, sorties et contrôles. Cette méthode suppose que les liens sont assez évidents si les contenus des boîtes sont bien explicités. La démarche de convergence s'apparente à cette méthode, avec la différence qu'elle met principalement l'accent sur ces liens ou interfaces car l'expérience montre que les échecs sont dus très majoritairement aux interfaces.

Exemple d'utilisation

Par des outils de planification traditionnels utilisant les tâches et recherchant le chemin critique, nous avons constaté pour la maîtrise des innovations que les délais demandés étaient impossibles. Par cette nouvelle démarche, elles ont abouti dans les délais exigés au point que des parties non innovantes conservant la démarche classique étaient en retard. Au cours du projet, nous avons même constaté que certains acteurs, séduits par cette nouvelle approche, avaient abandonné totalement la planification des tâches, car l'expression des conditions de réussite sous la forme de « qui contribue à quoi et pour quelle date » leur suffisait.

EXEMPLE DE REMISE EN CAUSE D'UN PLANNING

Quand l'excellence s'applique à faire des tâches inutiles

L'exemple vécu concerne un fournisseur de pièces de sécurité pour siège automobile. Le constructeur client de ce fournisseur est insatisfait de son manque d'engagement sur une date de livraison en série. Une rencontre entre les deux parties est organisée.

Le fournisseur précise que son planning n'est pas compatible avec les exigences du client fournisseur. Ce responsable de la planification a de toute évidence une difficulté d'écoute, et ne maîtrise pas les comportements exigés dans les projets.

Cette entreprise a mis en place un processus standard construit par une compilation de tâches définies par expérience, bien, mais cela intègre avant tout le confort de chacun des acteurs au détriment du client, ce qui est moins bien.

Par conséquence la planification n'est pas au service du client mais prioritairement au service d'un processus. Pour le fournisseur, un seul argument, son processus validé par sa direction dans le cadre d'une certification qualité ISO. C'est l'impasse !

Toute la planification du fournisseur est établie en tâches à réaliser conformément à des processus complexes établis par des spécialistes, validés par la direction, certifiés ISO, que sa direction s'est engagée à respecter scrupuleusement. Comme le disait Coluche « circulez, il n'y a rien à voir ! ». Le fournisseur comme le client maintiennent leurs positions. Les enjeux pour le client sont considérables car retarder la sortie d'un nouveau modèle de voiture correspond à un enjeu estimé à 0,3 million d'euros pour un décalage à un mois de la date de lancement du nouveau modèle.

Après de nombreux états d'âmes et explications des enjeux du constructeur, le fournisseur accepte d'écouter son client constructeur.

Enfin le problème de délai de livraison est explicité, accepté par tous. Reste à en prouver la faisabilité par le fournisseur. Cela n'est pas facile face à une bureaucratie aussi bien structurée.

Les représentants du constructeur demandent d'identifier les résultats apportés par ces tâches ?

Après seulement quelques minutes nous arrivons à identifier quatre résultats attendus fondamentaux. Puis nous comparons deux échelles de temps, à savoir celle issue du planning du fournisseur et celle souhaitée par le client.

L'anomalie entre les durées des tâches et les valeurs ajoutées apportées par chaque résultat saute aux yeux de tous.

L'équipe du fournisseur débat nerveusement dans sa propre langue, ce qui nous prouve le doute que nous avons jeté dans la cohérence de leur planning. La solidarité dans l'équipe du fournisseur est émoussée, le responsable s'engage dans les plus brefs délais à revoir son planning. Le délai de réflexion est accepté car la remise en cause est douloureuse pour le planificateur. Deux jours plus tard la réponse est positive à la grande satisfaction du client.

La moralité de cette histoire vécue par un grand nombre d'entre vous est que dans un planning construit par des tâches, *a priori* il y a beaucoup de bureaucratie. De nombreux acteurs industriels planifient et réalisent par excellence des tâches inutiles pour le client. Les exigences des certifications, accentuent ce risque, sans en être la cause, c'est évident. Cette forme de bureaucratie est difficile à combattre vu l'excellence apparente.

11

Le système de management des risques

SYSTÈME DE MANAGEMENT DES RISQUES

De quoi s'agit-il ?

Savoir bien gérer les arbitrages « production-sécurité » est un enjeu du développement durable de toute entreprise.

La production est l'objectif premier d'une entreprise avec le retour sur investissement directement visible, alors que la sécurité est une contrainte externe avec le retour sur investissement qui n'est pas visible ; seuls les échecs le sont.

Les investissements faits en production et leurs bénéfices attendus sont directement modélisables.

Concernant la sécurité, les bénéfices attendus ne sont pas directement corrélables aux actions et moyens déployés, ce qui implique une politique émanant du sommet de l'entreprise.

Avoir une organisation impliquant tous les niveaux de l'entreprise.

Elle doit respecter les 4 points clés suivants :

- intégrer la gestion de risques dans le management de l'entreprise, au niveau le plus élevé ;
- systématiser les activités de gestion de risques en introduisant une gouvernance cohérente dans toute l'entreprise (passer d'une gestion en silos à une gestion « système ») ;

- formaliser toutes les activités de gestion de risques pour les rendre visibles, notamment en les documentant ;
- introduire de l'avance de phase, de la proactivité dans la gestion de risques.

À quoi cela sert-il ?

À assurer la cohérence de toutes les informations nécessaires aux dirigeants pour la prise de décision au sein de l'entreprise.

À intégrer une gestion réactive et proactive des risques mais aussi une approche prédictive qui recherche dans l'activité opérationnelle normale, les bonnes pratiques professionnelles et les indicateurs de suivi de ces bonnes pratiques.

À garantir la simple conformité réglementaire des produits et services destinés au public en prenant en compte la variabilité des situations.

À garantir la sécurité des employés chargés de la mise en œuvre des produits et services aux clients.

COMMENT METTRE EN ŒUVRE UN MANAGEMENT DES RISQUES ?

Identifier les types de risques : existants, naturels, techniques, économiques… ceux qui peuvent être liés à de nombreux facteurs conceptuels, procédures et pratiques d'exploitation, communications, facteurs organisationnels relatifs à l'environnement de travail, concernant la réglementation applicable, la performance humaine…

La politique : élément clé de tout système de management, elle doit traduire l'engagement de la direction et définir les orientations. Toutefois, c'est de la qualité de sa mise en œuvre et de sa traduction concrète dans l'entreprise que dépendent directement les performances. La difficulté première est de mettre la gestion de risques à l'agenda des managers, à tous les niveaux, depuis la revue de direction, jusqu'aux revues de terrain ; des engagements concrets qui se traduisent notamment par la mise à disposition des moyens financiers nécessaires.

Un management spécifique de la maîtrise des risques : les systèmes de management des risques ne doivent pas se limiter à faire le mieux possible ce qui est réputé sûr, mais à faire ce qui rend le risque acceptable.

Beaucoup trop d'entreprises limitent encore la gestion de risques au principe d'amélioration, soit un programme d'actions correctives, voire préventives, suite à un constat de « non-conformité ».

Le but est de donner aux responsables une bonne compréhension des risques encourus dans l'activité qu'ils gèrent, de leur faire prendre conscience de l'importance d'identifier les dangers le plus tôt possible pour prendre, en conséquence, les décisions appropriées.

Trois domaines en exemple

La route où l'accident est quotidien et admis du public

On a statistiquement beaucoup d'accidents permettant de définir des mesures. La gestion de risques se contente d'un traitement réactif fondé sur l'analyse de ces accidents. C'est la répétition d'incidents/accidents graves qui vont conduire à préconiser une vitesse réduite, disposer des panneaux avertisseurs, créer un rond-point, etc.

Cette approche est tout de même en évolution…

La pression des pouvoirs publics et des associations de victimes de la route pèse sur les grands constructeurs automobiles pour qu'ils intègrent la sécurité des automobilistes et des autres usagers de la route dans leurs priorités. Ces recherches de solutions techniques sont faites très en amont chez les constructeurs, en association avec leurs fournisseurs partenaires. Les solutions ne se limitent pas à éviter l'accident mais aussi à le prévenir, et à en limiter les effets s'il se produit.

Au début de l'ère automobile, seule la maîtrise du conducteur permettait d'éviter l'accident. Aujourd'hui, il s'agit d'un partenariat global entre :

- les centres de recherches indépendants ;
- les fournisseurs ;
- les constructeurs ;
- les conducteurs par leurs comportements ;
- les pouvoirs publics par les infrastructures routières et les contrôles techniques ;
- les informations météorologiques ;
- la régulation du réseau routier.

L'aérien où l'accident est annuel et choque profondément le public

Le transport aérien est un système sûr caractérisé par un très faible nombre d'accidents, mais avec une gravité potentielle extrême.

La gestion de risques, au sens du transport aérien, combine des méthodes :

- réactives, face aux incidents survenus en interne ;
- proactives, face aux événements survenus dans le monde ;
- prédictives, en adoptant les meilleures pratiques de l'industrie.

Si l'on met en perspective sur le demi-siècle passé les diverses évolutions en matière de gestion de risques, on prend conscience des étapes qui ont permis une diminution des accidents aériens malgré l'augmentation naturelle du trafic.

Le nucléaire où l'accident est séculaire, exceptionnel

Il y a peu d'accidents et ils sont très médiatisés, dès lors, tout événement est considéré et donc analysé comme un événement grave ; de fait, seule l'approche prédictive peut être efficace.

Les conséquences potentielles d'un accident nucléaire peuvent être dramatiques, et par conséquent inquiètent le public. Les accidents de Tchernobyl en 1986 et de Fukushima en 2011 ont démontré que l'accident est possible, et que les systèmes de prévention des risques et la communication à la population étaient perfectibles. Auparavant, la communication présentait une situation trop rose ; actuellement, et par effet de balancier, elle est devenue trop noire.

Les produits radioactifs sont confinés derrière trois barrières :

- une gaine métallique pour le combustible ;
- une cuve en acier pour le cœur du réacteur ;
- une enceinte étanche en béton, conçue pour résister aux tremblements de terre ou aux tempêtes jusqu'à un niveau probable.

Mais au Japon en 2011, l'improbable est arrivé : les procédures prévues ont été dépassées, les formations reçues ont été inappropriées à la situation, les personnels en charge des installations ont été déstabilisés par les drames que vivaient leurs familles.

Ce cas montre la nécessité d'améliorer sans cesse la prévision des risques mais ne démontre pas le danger extrême du nucléaire, et les milliers de morts sur les routes devraient être la première priorité.

CHANGEMENT DE PARADIGME

On passe de *faire le mieux possible ce qui est réputé sûr,* à *faire ce qui rend le risque acceptable.*

Auparavant : Ne pas faire d'écarts, appliquer les règles.

La gestion des risques, composante de la gestion de la qualité, consistait à « faire du mieux possible », en appliquant les procédures agréées et certifiées.

La conception traditionnelle de la causalité des accidents était fondée sur la non-conformité. Si des accidents se produisent, c'est que des erreurs ont été commises. On n'a pas respecté les procédures.

Maintenant : l'erreur est humaine, elle va se produire et donc il faut définir comment agir pour rendre les erreurs acceptables.

On gère le risque pour le rendre acceptable c'est-à-dire, dans le jargon des responsables de la sécurité, « minimiser les effets négatifs ».

En réalité, les erreurs sont inévitables, alors corrigeons-les avant qu'elles ne portent à conséquence ou prévenons systématiquement celles qui ne « pardonnent » pas. Ce sont les conditions pour assurer la pérennité de l'entreprise par une bonne identification des risques et leur maîtrise, soit l'incontournable dans une démarche de développement durable.

Exemple pour les automobiles : le système de contrôle de trajectoire

Ces systèmes, développés par la société Bosch, ont été retenus, au départ, pour des automobiles qualifiées moins sûres, mais maintenant ils sont considérés comme indispensables sur tous les modèles de voitures.

Supposons que vous conduisiez une automobile dans un virage pris à trop grande vitesse, ou que vous provoquiez une soudaine manœuvre d'évitement.

Éventuellement, vous pourrez, **si votre expertise en conduite est très grande, corriger la trajectoire**.

Mais **si votre expertise est trop faible**, soit c'est le tête-à-queue, soit votre véhicule a tendance à aller tout droit au lieu de suivre le virage et **c'est la catastrophe**.

Si votre expertise est trop faible mais que votre véhicule est équipé d'un système de contrôle de trajectoire, que va-t-il se passer ?

Un tel système permet de corriger la trajectoire, en agissant sur le système de freinage ainsi que sur le moteur. Le véhicule se rétablira en donnant l'ordre de freiner la roue arrière intérieure ou bien aussi les roues avant, ou seule la roue avant extérieure. Et si, par erreur, le conducteur recherche encore à accélérer, le système va réduire le moteur.

Des capteurs décèlent :

- les vitesses de rotation des roues au niveau des trains roulants ;
- l'angle du volant au niveau de la direction ;
- la vitesse de lacet (rotation du véhicule par rapport à l'axe vertical) ;
- l'accélération transversale.

Un calculateur analyse 25 fois par seconde si la trajectoire réelle du véhicule est bien celle souhaitée par le conducteur. Et si une trajectoire anormale se produit, elle sera corrigée automatiquement.

Table des figures

© Groupe Eyrolles

Bibliographie complémentaire

AFAV, *Exprimer le besoin. Applications de la démarche fonctionnelle*, Paris, Afnor, 1989.

ANSELME B. et ALBASINI F., *Les risques professionnels*, Paris, Nathan, nouvelle édition 2006.

BARTHÉLEMY B. et COURRÈGES Ph., *Gestion des risques – Méthode d'optimisation globale*, Paris, Éditions d'Organisation, 2e édition 2009.

BELLON B., *L'Innovation créatrice*, Économica, 2002.

BELLUT S., *Maîtriser les coûts d'un projet. Le management par la valeur*, Paris, Afnor, 2002.

CHAIGNEAU Y. et PERIGORD M., *Du management de projet à la qualité totale*, Paris, Éditions d'Organisation, 1990.

CHARDONNET A. et THIBAUDON D., *Le Guide du PDCA de Deming*, Paris, Éditions d'Organisation, 2002.

COHEN Adisson Lou, *Quality Function Deployment*, Wesley, Massachussets, 1995.

DIRIDOLLOU B., *Manager son équipe au quotidien*, Paris, Éditions d'Organisation, 2007.

DONNADIEU G./KARSKY M., *La Systémique, penser et agir dans la complexité*, Éditions Liaisons, Paris, 2002.

FISHER et URY, « Comment réussir une négociation » (« Getting to Yes »), Seuil, 1991.

FOUET J.-M. de l'université de Lyon, *Connaissance et savoir-faire en entreprise*, Paris, Hermes, 1997.

FRÉCHET C., *Mettre en œuvre le six sigma*, Éditions d'Organisation, 2005.

HAMMER M., *Carnet de route pour manager*, UNILOG ; Maxima, 2002.

HERNIAUX G., *Organiser la conduite de projet*, Paris, Insep Consulting Éditions, 1993.

LEVY-LEBOYER C., *La Motivation dans l'entreprise*, Paris, Éditions d'Organisation, 2e édition 2000.

MADERS H.-P., GAUTHIER E., LE GALLAIS C., *Conduire un projet d'organisation*, Paris, Éditions d'Organisation, 1998.

MIDLER Ch., *L'auto qui n'existait pas*, Paris, InterEditions, 2004.

MONTREUIL É., *Prévenir les risques psychosociaux – Des outils pour agir sur la pénibilité et préserver la santé au travail*, Paris, Dunod, 2011.

PILLET M., *Six sigma*, Éditions d'Organisation, Paris 2004.

REBEYROL V. et SCHÖNBERG È., Paris, *Managers, maîtrisez vos risques juridiques ! Et dépassez vos idées reçues sur le droit*, Village Mondial, 2011.

SHIBA H., GRAHAM A., WALDEN D., *Quatre révolutions du management par la qualité totale*, Paris, Dunod, 1997.

TASSINARI R., *Réussir votre analyse fonctionnelle*, Paris, Afnor, 2002.

Conférence SIA sur la simulation numérique et physique du 17 avril 2002 (Société des ingénieurs de l'automobile).

Index

www.ingramcontent.com/pod-product-compliance
Lightning Source LLC
Chambersburg PA
CBHW080525220326

41599CB00032B/6208